最新财会系列丛书

旅游饮食服务业会计
（第五版）
习题与解答

丁元霖　主编

立信会计出版社
LIXIN ACCOUNTING PUBLISHING HOUSE

图书在版编目(CIP)数据

旅游饮食服务业会计(第五版)习题与解答/丁元霖
主编. —5 版. —上海:立信会计出版社,2013.5
　　(最新财会系列丛书)
　　ISBN 978 - 7 - 5429 - 3875 - 6

　　Ⅰ.①旅… Ⅱ.①丁… Ⅲ.①旅游业—会计—题解②
第三产业—会计—题解 Ⅳ.①F590.66-44②F719-44

中国版本图书馆 CIP 数据核字(2013)第 096614 号

责任编辑　　蔡莉萍
封面设计　　周崇文

旅游饮食服务业会计(第五版)习题与解答

出版发行	立信会计出版社	
地　　址	上海市中山西路 2230 号	邮政编码　200235
电　　话	(021)64411389	传　　真　(021)64411325
网　　址	www.lixinaph.com	电子邮箱　lxaph@sh163.net
网上书店	www.shlx.net	电　　话　(021)64411071
经　　销	各地新华书店	

印　　刷	常熟市梅李印刷有限公司	
开　　本	787 毫米×960 毫米	1/16
印　　张	14	
字　　数	248 千字	
版　　次	2013 年 5 月第 5 版	
印　　次	2013 年 5 月第 1 次	
印　　数	1—3100	
书　　号	ISBN 978 - 7 - 5429 - 3875 - 6/F	
定　　价	24.00 元	

如有印订差错,请与本社联系调换

第五版前言

本书是以立信会计出版社出版的《旅游饮食服务业会计》所附的思考题和习题为基础改编而成的，于 2000 年初版，此后又进行了多次修订。承蒙广大读者厚爱，此书已印刷了 6 次。

2012 年 3 月，为了体现教材内容的先进性，对《旅游饮食服务业会计》（第四版）进行了修订，出了第五版。

本书作为《旅游饮食服务业会计》（第五版）的配套书，内容也作了必要的增删。修订后，本书除了保持原有的特点外，结构更趋合理，内容更趋完善。

全书习题部分由丁元霖、励丹、刘芳源、刘骥、丁辰、傅秋菊和吴峥修订；习题解答部分由丁元霖、刘芳源、杨炜之、潘桂群、刘骥、傅秋菊、吴峥修订，最后由丁元霖定稿。

因编者水平有限，疏漏之处在所难免，恳请广大读者批评指正。

编　　者
2013 年春

初 版 前 言

为了满足教师教学和学员学习的需要,按照旅游饮食服务业会计的教学要求编写了本书。本书是以立信会计出版社出版的《旅游饮食服务业会计》(第二版)中所附的思考题和习题为基础改编而成的。

本书习题部分的题型分为思考题、名词解释题、判断题和练习题。判断题又分为是非题、单项选择题和多项选择题。练习题又分为分录题、计算题和编表题。最后为测试题。这样安排既有利于教师根据不同层次教学进程的需要选用,又有利于学员加深理解、巩固和融会贯通,且便于学员自测。

通过这些习题练习,可以使学员较好地掌握旅游饮食服务业会计的理论知识和核算方法,有利于学员基本技能的训练,培养和提高学员的动手能力和分析问题、解决问题的能力。

本书是按照《旅游饮食服务业会计》(第二版)中各章的顺序编写而成的,练习题均是该书各章后所附有的。如采用其他旅游饮食服务业会计教材,则本书习题的习作顺序可自行安排选用。

本书练习题部分,第一、第二、第九、第十、第十一、第十二、第十三、第十四、第十五章由丁元霖编写;第三、第四章由励丹编写;第五、第六、第七、第八章由李惟莊编写。各章的思考题、名词解释题、判断题和测试题均由丁元霖编写。

本书习题解答部分第一、第十五章和测试题由丁元霖编写;第二、第三、第七章由蔡峰编写;第五、第六、第十三、第十四章由徐灵编写;第八、第九、第十一章由顾燕雯编写;第四、第十、第十二章由许莹编写。

全书由丁元霖主编并审阅。由于我们水平有限,缺点错误在所难免,恳请广大读者批评指正。

编　　者
2000 年 1 月

目　录

习　题

解　答

习 题

第一章 总 论

判 断 题

一、是非题

1. 会计产生于人们的生产实践,经济愈发展,会计愈重要。 （　　）
2. 我国在清末才采用复式记账法。 （　　）
3. 会计的核算职能是指企业的记账、算账工作。 （　　）
4. 会计对象是指企业在社会主义再生产过程中的资金运动。 （　　）
5. 会计核算是会计监督的基础,而会计监督则是会计核算的继续。 （　　）
6. 旅游业、饮食和服务业是以向消费者提供劳动服务为特征的服务性行业。
（　　）
7. 集中核算的组织形式便于会计人员进行合理的分工,减少了核算层次,加速了核算工作,便于各部门随时利用核算资料,节约核算费用。 （　　）
8. 我国的会计基本假设包括会计主体、自主经营、会计期间和货币计量等四项。 （　　）
9. 负债是企业筹措资金的重要渠道,但它必须按期偿还,因此它反映了企业与债权人之间的一种债权、债务关系。 （　　）
10. 所有者权益是指企业资产扣除负债后,由所有者享有的剩余权益。
（　　）

二、单项选择题

1. 小型旅游饮食服务企业可以_____。

A. 设置专职会计机构

B. 设置兼职会计机构

C. 在有关机构中配备会计人员并指定会计主管人员

D. 委托代理记账

2. _____拥有一定数额的资金、有独立的经营自主权,独立开设银行账户,办理各项收支结算业务;设置独立的会计机构进行全面的会计核算;编制预算和计算盈亏。

    A. 独立核算单位   B. 集中核算单位

    C. 非集中核算单位   D. 非独立核算单位

    3. 可理解性会计信息质量要求是指企业提供的_____,应当清晰明了。

    A. 财务报告   B. 会计信息   C. 会计记录   D. 会计资料

    4. 资产是指企业过去的交易或者事项形成的、由企业拥有或者控制的、预期会给企业带来经济利益的资源。它包括_____。

    A. 各种财产   B. 各种财产和债权

    C. 各种财产、债权和其他权利   D. 各种财产和其他权利

三、多项选择题

    1. 旅游饮食服务业具有_____等多种职能。

    A. 生产   B. 销售   C. 服务   D. 游乐

    2. 会计人员的职责有_____。

    A. 进行会计核算

    B. 实行会计监督

    C. 拟定本单位办理会计事务的具体办法和制度

    D. 编制各项财务预算,考核和分析其执行情况

    3. 会计信息质量要求包括相关性、可理解性、可比性、谨慎性、_____和及时性。

    A. 实质重于形式   B. 重要性   C. 持续性   D. 可靠性

    4. 会计要素由资产、负债、所有者权益、_____等内容构成。

    A. 收入   B. 支出   C. 费用   D. 利润

    5. 会计科目按照其反映的经济内容可以划分为资产类、负债类、所有者权益类、_____。

    A. 成本类   B. 收入类   C. 费用类   D. 损益类

第二章 货币资金和结算业务

判 断 题

一、是非题

1. 货币资金是以货币形态存在的资产,包括现金、备用金、银行存款和其他货币资金。 （ ）

2. 库存现金是指留存在企业的现金。 （ ）

3. 备用金是财会部门拨付给有关部门或个人的日常零星费用开支、零星采购和找零等方面的现金。 （ ）

4. 宾馆旅游业代理兑换的外汇主要有可自由兑换的外币现钞和信用卡两种。 （ ）

5. 支票是指出票人签发的、委托办理支票存款业务的银行,在见票时无条件支付确定的金额给收款人或者持票人的票据。 （ ）

6. 受理的银行本票如果结算款项大于或小于票面金额,其差额可通过转账支票或现金结清。 （ ）

7. 商业汇票是指出票人签发的、委托付款人在指定日期内无条件支付确定的金额给收款人的票据。 （ ）

8. 单位信用卡账户的资金,可以从其基本账户转账存入,也可以交存现金。 （ ）

9. 托收承付是唯一的有结算起点的结算方式。 （ ）

10. 银行存款日记账与银行对账单不符的原因就是存在着未达账项。 （ ）

二、单项选择题

1. 具有使用方便、清算及时,收付双方都有法律保障的结算方式是_____。
A. 支票   B. 信用卡   C. 银行汇票   D. 商业汇票

2. 具有先消费后付款、安全方便的结算方式_____。
A. 支票   B. 信用卡   C. 银行汇票   D. 商业汇票

3. 金额和收款人名称可由出票人授权他人补记的结算方式是_____。
A. 支票   B. 银行本票   C. 银行汇票   D. 商业汇票

4. 实际结算金额小于票据金额时,可以按实际结算金额进行结算,多余金额由银行负责退回的结算方式是_____。

A. 支票 B. 银行本票 C. 银行汇票 D. 商业汇票

5. 具有适用范围广,手续简便的结算方式有_____。

A. 信用卡 B. 委托收款 C. 托收承付 D. 汇兑

三、多项选择题

1. 企业应贯彻"钱账分管"的原则,出纳人员不得兼管收入、费用账目的登记、_____等工作。

A. 债权、债务账目的登记 B. 现金、银行存款日记账的登记

C. 稽核 D. 会计档案的保管

2. 企业的银行存款账户可分为基本存款账户、_____。

A. 临时存款账户 B. 信用卡存款账户

C. 一般存款账户 D. 专用存款账户

3. 外汇具体包括_____。

A. 可自由兑换的外国货币 B. 外币有价证券

C. 外币支付凭证 D. 其他外汇资金

4. 提示付款期限1个月的票据有_____。

A. 支票 B. 银行本票 C. 银行汇票 D. 商业汇票

5. 商业汇票付款日期的记载形式有_____。

A. 见票付款 B. 定日付款

C. 出票后定期付款 D. 见票后定期付款

6. 同城可使用的结算方式有_____。

A. 支票 B. 银行本票 C. 银行汇票 D. 商业汇票

E. 信用卡 F. 汇兑 G. 托收承付 H. 委托收款

7. 通过"其他货币资金"账户核算的结算方式有_____。

A. 银行本票 B. 银行汇票 C. 商业汇票

D. 信用卡 E. 汇兑

练 习 题

练习题一 练习货币资金的核算

一、资料

1. 思真宾馆5月31日"银行存款——美元户"账户余额为:外币25 000美元/汇率6.40元/人民币160 000元。

2. 该宾馆 6 月份发生以下经济业务：

（1）2 日，签发现金支票，提取现金 1 500 元。

（2）2 日，拨付给采购员定额备用金 800 元，以现金付讫。

（3）5 日，客房收入 16 000 元，解存银行。

（4）10 日，进口健身器材一套，计 12 500 美元，以美元存款支付，健身器材已拨交健身房使用。当天美元中间价为 USD1＝¥6.40。

5. 13 日，以转账支票向开户银行兑入 5 000 美元，备付工资。当天美元卖出价为 USD1＝¥6.40 元。

（6）14 日，以昨日兑入的 5 000 美元支付外方高级管理人员工资。当天美元中间价为 USD1＝¥6.40。

（7）16 日，餐饮收入 22 000 元，解存银行。

（8）24 日，以美元存款归还前欠灯具进出口公司进口装潢灯具款 6 000 美元。当天美元中间价为 USD1＝¥6.40。

（9）28 日，本宾馆设有外汇代兑点，今收到中国银行转来代兑手续费 980 元。

（10）30 日，今日美元中间价为 USD1＝¥6.38 元，按规定调整"银行存款——美元户"账户期末人民币余额。

二、要求

1. 根据经济业务编制会计分录。

2. 根据"资料 1"开设"银行存款日记账（美元户）"账户，并根据已编制的会计分录进行登记并进行结账。

练习题二　练习同城转账结算的核算

一、资料　天明饭店系信用卡特约单位，3 月份发生下列经济业务：

1. 2 日，购进香菇 50 千克，单价 68 元，共计 3 400 元，当即签发转账支票予以支付；香菇已验收入库。

2. 3 日，填制金额为 1 000 元的银行本票申请书一份，银行受理后，收到 1 000 元银行本票一张。

3. 4 日，向个体户购进大闸蟹 1 000 元，以昨日签出的银行本票支付，大闸蟹由厨房验收。

4. 6 日，向上海烟酒公司购进烟酒一批，货款 24 000 元，已验收入库。当即签发并承兑了 2 个月期的带息商业汇票付讫。

5. 9 日，销售给擎天宾馆烟酒一批，货款 16 000 元，收到 2 个月到期的带息商业汇票一张，月利率为 6‰。

6. 12 日，各种服务收入 18 000 元，其中现金 12 500 元已解存银行，银行本票一张金额 5 500 元,留存备作背书转让用。

7. 13 日,将昨日收到的 5 500 元银行本票背书后支付给青峰副食品商店,结清前欠货款。

8. 16 日,2 个月前签发并承兑的 2 个月期的带息商业汇票一张已到期,该汇票金额为 18 000 元,月利率 6‰,当即从存款户支付本息,查该汇票上月末已计提过利息。

9. 18 日,存入信用卡备用金 20 000 元,发生开户手续费 40 元,一并签发转账支票付讫。

10. 20 日,向光华副食品公司购入鱼、肉、禽、蛋等副食品一批,全部价款 7 560 元,以信用卡存款支付,副食品已由厨房直接验收使用。

11. 24 日,将本月 9 日收到的带息商业汇票一张,金额 16 000 元,向开户银行申请贴现,月贴现率为 6.3‰;银行审查后同意贴现,并将贴现金额转入银行存款户。

12. 30 日,各种服务收入 22 000 元,其中现金 12 000 元,转账支票 4 000 元,其余为信用卡结算。现金、转账支票、签购单和汇计单均已解存银行,信用卡的结算手续费率为 9‰。

二、要求 编制会计分录。

练习题三 练习同城、异地转账结算的核算

一、资料 天明饭店 11 月份发生下列经济业务:

1. 4 日,向银行提交银行汇票申请书一份,银行受理后,收到票面为 4 000 元的银行汇票一份。

2. 9 日,收到银行转来信汇收款通知一份,计 2 000 元,系河北贸易公司汇来的预订客房款。

3. 10 日,向福建土特产品批发公司购进香菇 60 千克,每千克 62 元,计金额 3 720 元,运杂费 60 元,一并以本月 4 日开出的面额为 4 000 元的银行汇票支付,余款尚未退回。香菇已验收入库。

4. 11 日,收到银行转来海南水产公司的托收承付结算凭证付款通知联,系本饭店向该公司购入的一批鱼翅,价款 10 050 元,运费 250 元。经核对与合同相符,承付款项,鱼翅已由仓库验收入库。

5. 12 日,银行转来多余款收账通知,金额 220 元,系本月 10 日使用银行汇票支付后的余款,当即转账。

6. 12 日,向四川调味品厂函购火锅调料一批,委托银行电汇货款 2 500 元。

7. 16 日,广州贸易公司用信用卡结算客户租金 5 000 元,信用卡结算手续费率为 9‰,根据签购单、计汇单和进账单入账。

8. 18 日,河北贸易公司客人离店,应向其收取客房收入 1 900 元。查该单位在本月 9 日已汇入 2 000 元预订客房款,今扣除客房收入后,当即将余款 100 元以现金退还。

9. 24 日,四川调味品厂发来火锅调料一批,价款 2 200 元及运费 100 元,调料已验收入库,余额 200 元也已汇回,存入银行。

10. 26 日,购进台球桌一张,计 20 000 元,按约定开出 3 个月期的商业汇票付讫,台球桌已拨交康乐中心使用。

11. 28 日,客房收入 21 500 元,其中现金 17 000 元,银行本票 2 000 元,已填具解款单及进账单解行,将收到的面额为 2 500 元的银行汇票留下备用。

12. 30 日,将昨日收到的面额为 2 500 元的银行汇票背书后转让给大华超市,归还前欠原材料款。

二、要求　编制会计分录。

练习题四　练习编制银行存款余额调节表

一、资料　新世纪旅行社 2011 年 3 月 26～31 日银行存款日记账和银行对账单内容如图表习题 2-1、图表习题 2-2 所示。

图表习题 2-1

银行存款日记账

2011 年		凭证号数	摘　要	结算凭证		借　方	贷　方	借/贷	余　额
月	日			种类	号数				
3	26		承上页					借	23 460.00
	26	36	支付旅行团车费	转支	♯39688		14 000.00	借	9 460.00
	26	38	提现	现支	♯39687		600.00	借	8 860.00
	27	41	营业款解行			5 900.00		借	14 760.00
	28	46	支付电费	委托收款			402.00	借	14 358.00
	28	48	购电风扇 2 只	转支	♯39689		566.00	借	13 792.00
	29	51	营业款解行	转支	♯12400	10 600.00		借	24 392.00
	29	52	支付海滨饭店旅游团餐费	转支	♯39690		2 600.00	借	21 792.00
	30	55	支付嵊泗招待所房费	银行汇票			7 300.00	借	14 492.00
	31	60	预收旅行团费解行	转支	♯42312	8 900.00		借	23 392.00

图表习题 2-2

银 行 对 账 单

户名:新世纪旅行社　　　　　　　　　　　　　　　　　　账号:4936501

2011年		摘　　　要	结算凭证号数	借　　方	贷　　方	借/贷	余　　额
月	日						
3	26	承上页				贷	23 460.00
	26	提现	现支#39687	600.00		贷	22 860.00
	27	营业款			5 900.00	贷	28 760.00
	27	旅行团车费	转支#39688	14 000.00		贷	14 760.00
	27	支付电费	委托收款	402.00		贷	14 358.00
	29	营业款	转支#12400		10 600.00	贷	24 958.00
	29	购风扇	转支#39689	566.00		贷	24 392.00
	30	电话费	委托收款	1 036.00		贷	23 356.00
	30	支付餐费	转支#39690	2 600.00		贷	20 756.00
	31	团体旅游费	电汇		6 200.00	贷	26 956.00

二、要求　根据上列资料编制银行存款余额调节表。

第三章　存　　货

判　断　题

一、是非题

1. 存货是指企业在日常活动中持有以备出售的产成品或商品、在生产过程或提供劳务过程中耗用的材料和物品等。　　　　　　　　　　　　（　　）

2. 原材料是指企业购入的各种材料,包括原料及主要材料、燃料和物料用品等。　　　　　　　　　　　　　　　　　　　　　　　　　　　　（　　）

3. 企业对购进原材料的计价,应以采购过程中实际发生的成本即买价为依据。　　　　　　　　　　　　　　　　　　　　　　　　　　　　　　（　　）

4. 低值易耗品是指企业购入的使用期限较短的,并且单位价值较低的,能够多次使用而不改变原有实物形态的各种用具和物品。　　　　　　　（　　）

5. 物料用品是指企业用于经营业务、日常维修和劳动保护方面的材料、零配件及日常用品、办公用品和包装物品等。　　　　　　　　　　　　（　　）

6. 原材料的采购费用包括运杂费、装卸费、运输途中的合理损耗及税金。
　　　　　　　　　　　　　　　　　　　　　　　　　　　　　　（　　）

7. 低值易耗品的摊销和修理均应根据使用部门的不同,分别列入"销售费用"和"管理费用"账户。　　　　　　　　　　　　　　　　　　　　　　（　　）

8. 采用五五摊销法,核算手续较为复杂,但便于控制使用中的实物,它适用于价值较高、使用期较长的低值易耗品。　　　　　　　　　　　　　（　　）

二、单项选择题

1. _____不是原材料。

A. 原料及主要材料　　　　　　　　B. 燃料

C. 低值易耗品　　　　　　　　　　D. 物料用品

2. 计算原材料耗用成本最准确的方法是_____。

A. 个别计价法　　　　　　　　　　B. 加权平均法

C. 先进先出法　　　　　　　　　　D. 移动平均法

3. 原材料的期末结存比较接近市场价格的计价方法是_____。

A. 个别计价法　　　　　　　　　　B. 加权平均法

C. 先进先出法　　　　　　　　　　D. 移动平均法

三、多项选择题

1. 存货在旅游饮食服务企业的生产经营活动过程中处在不断地被_____之中。

A. 销售   B. 投资

C. 重置   D. 耗用

2. 存货包括原材料、_____等。

A. 库存商品   B. 在产品

C. 低值易耗品   D. 产成品

3. 燃料领用的核算可以采用_____等方法。

A. 实际耗用法   B. 个别计价法

C. 定额耗用法   D. 倒挤耗用法

4. 存货发生盘亏,查明原因并经批准后,根据不同的情况分别转入_____等有关账户。

A. 销售费用   B. 管理费用

C. 营业外支出   D. 其他应收款

练 习 题

练习题一 练习原料及主要材料和燃料的核算

一、资料 上海登高饭店 6 月份发生下列有关经济业务:

1. 1 日,银行转来厦门水产公司托收凭证,并附来专用发票。开列干贝 100 千克,每千克 180 元,计货款 18 000 元,增值税税额 3 060 元,运杂费凭证 200 元,经审核无误,予以承付。

2. 3 日,仓库转来入库单,向厦门水产公司购进的 100 千克干贝已验收入库。

3. 5 日,向丰登粮店购进面粉取得普通发票,列明面粉 1 000 千克,单价 4.50 元,计金额 4 500 元,货款尚未支付,面粉已验收入库,另以现金支付面粉运费 30 元。

4. 8 日,向光华副食品公司购进黄鱼取得普通发票,列明黄鱼 20 千克,单价 40 元,价款以转账支票支付,黄鱼已由厨房直接验收领用。

5. 15 日,向城东煤炭公司购进煤取得普通发票,列明煤 5 吨,每吨 960 元,计 4 800 元,运费 200 元,款项一并以转账支票付讫。

6. 25 日,本月份共领用粳米、面粉等粮食类材料 7 600 元,干贝、香菇、木耳等干菜类材料 17 200 元,予以转账。

7. 27 日,经盘点面粉短缺 10 千克,每千克 4.50 元;香菇溢余 0.5 千克,每千克 78 元,原因待查。

8. 29 日,今查明盘缺面粉 10 千克系发料过程中差错,溢余 0.5 千克香菇系自然升溢,经批准分别予以转账。

9. 30 日,餐饮部门耗用煤 4 吨,管理部门耗用煤 0.5 吨,单价 1 000 元,予以转账。

二、要求　编制会计分录。

练习题二　练习原材料成本的计算和结转

一、资料　小苏州点心店 4 月份有关精白面粉的期初余额,收发料记录等资料如图表习题 3-1 所示。

图表习题 3-1

本月精白面粉期初余额及收发料记录

金额单位:元

| | | 期　初　余　额 | | | |
品　名	计量单位	数　量	单　价	金　额	购进批次
精白面粉	千克	500	4.20	2 100	0802

本月精白面粉收发记录

| 2011年 | | 收 | | 入 | | 发 | 出 |
月	日	数　量	单　价	金　额	批　次	数　量	批　次
1	2					300	0802
	6	500	4.25	2 125.00	0901		
	8					200	0802
						200	0901
	14					200	0901
	17	700	4.28	2 996.00	0902		
	18					100	0901
						400	0902
	24	500	4.30	2 150.00	0903		
	25					400	0903

二、要求　分别按个别计价法、加权平均法、先进先出法计算和结转原材料耗用成本。

练习题三　练习物料用品的核算

一、资料　建国饭店 3 月发生下列经济业务:

1. 1日,向城南工厂订购纪念品钥匙圈 3 000 只,每只 1.60 元,共计 4 800 元。合同规定预付 45% 定金,交货时再支付 55% 的货款,当即签发转账支票 2 160 元付讫。

2. 2日,购进固本肥皂 2 箱,每箱 26.40 元,以现金付讫,肥皂已验收入库。

3. 6日,购进碗 100 只,每只 3 元;盘子 100 只,每只 5 元,调羹 100 只;每只 1 元。餐具均已验收入库,价款以转账支票付讫。

4. 12日,收到城南工厂送来钥匙圈 3 000 只,并收到增值税专用发票,计货款 4 800 元,增值税税额 816 元,当即签发转账支票支付其余 55% 的货款及全部增值税额。钥匙圈已验收入库。

5. 16日,购入毛巾 200 条,每条 8 元;梳子 500 把,每把 1 元。货物已验收入库,价款以转账支票付讫。

6. 24日,购入日光灯管 20 支,每支 16 元,货物由总务部门验收入库,价款尚未支付。

7. 31日,总务部门交来"物料用品领用汇总表",如图表习题 3-2 所示,予以转账。

图表习题 3-2

物料用品领用汇总表
2011 年 3 月 31 日

品　　名	单　位	数　量	单　价	金　额	领用部门
钥匙圈	只	200	2.00	400.00	营业部门
毛　巾	条	120	8.00	960.00	营业部门
木　梳	把	100	1.00	100.00	营业部门
日光灯管	支	5	16.00	80.00	营业部门
碗	只	40	3.00	120.00	营业部门
盘　子	只	30	5.00	150.00	营业部门
调　羹	只	30	1.00	30.00	营业部门
圆珠笔	支	10	2.00	20.00	财会室、办公室
复写纸	盒	1	8.00	8.00	财会室
报告纸	刀	5	6.00	30.00	办公室

二、要求　编制会计分录。

练习题四　练习低值易耗品的核算

一、资料　永隆宾馆 3 月份发生下列经济业务:

1. 1 日,购入玻璃酒杯 10 打,每打 175 元,共计 1 750 元,以转账支票付讫,酒杯已验收入库。

2. 5 日,餐厅领用本月 1 日购入的玻璃酒杯 5 打,每打 175 元,领用时采用一次摊销法摊销。

3. 12 日,购入客房用台灯 20 只,每只 86 元,共计 1 720 元,价款以转账支票付讫,台灯已验收入库。

4. 16 日,购进计算器 10 只,每只 240 元,共计 2 400 元,价款以转账支票付讫。

5. 20 日,客房部领用本月 12 日购入的台灯 20 只,采用五五摊销法摊销。

6. 24 日,出售原大厅用旧吊扇 10 只,该批吊扇账面原值为每只 180 元,已摊销了 50%,现每只按 50 元出售,价款 500 元,已收到转账支票,存入银行。

7. 26 日,以现金支付客房照明灯具修理费 200 元。

8. 28 日,财会部领用计算器 8 只,每只 240 元,采用五五摊销法摊销。

二、要求　编制会计分录。

第四章 固定资产、无形资产和长期待摊费用

判 断 题

一、是非题

1. 固定资产是指为生产商品、提供劳务或经营管理而持有的、使用寿命超过一个会计年度、单位价值较高的有形资产。　　　　　　　　　　　（　）

2. 外购的固定资产应按照购买价款、相关税费、使固定资产达到预定可使用状态前所发生的可归属于该项资产的运输费、装卸费、安装费和专业人员服务费等计量。　　　　　　　　　　　　　　　　　　　　　　　　　　（　）

3. 企业接受投资者投入的固定资产，应按投资合同或协议约定的价值，借记"固定资产"账户，贷记"实收资本"账户。　　　　　　　　　　　　（　）

4. 固定资产折旧是指在固定资产的使用寿命内，对应计折旧额进行的系统分摊。　　　　　　　　　　　　　　　　　　　　　　　　　　　　　（　）

5. 年数总和法是指根据固定资产原始价值减去预计残值后的余额，乘以逐年递减的分数计算折旧的方法。　　　　　　　　　　　　　　　　　（　）

6. 固定资产在报废清理时，如清理收入大于清理费用，其差额应列入"营业外收入"账户。　　　　　　　　　　　　　　　　　　　　　　　　　（　）

7. 已计提减值准备的固定资产，在以后会计期间其价值回升时，可以在原已计提减值金额的范围内予以转回。　　　　　　　　　　　　　　　（　）

8. 固定资产减值损失确认后，减值资产的折旧应当在未来期间作相应的调整。　　　　　　　　　　　　　　　　　　　　　　　　　　　　　（　）

9. 企业的专利权和非专利技术均受到国家法律的保护。　　　　　（　）

10. 企业自行开发无形资产发生的研究、开发支出均应列入无形资产的成本。　　　　　　　　　　　　　　　　　　　　　　　　　　　　　　（　）

11. 使用寿命有限的无形资产应当在使用寿命内系统合理摊销；使用寿命不确定的无形资产不应摊销。　　　　　　　　　　　　　　　　　　（　）

12. 长期待摊费用包括固定资产改良支出和其他长期摊销费用。　（　）

二、单项选择题

1. 企业采用加速折旧法是为了_____。

A. 在较短的时期内收回固定资产的全部投资

B. 合理地提取固定资产折旧

C. 在较短的时期内收回固定资产的大部分投资

D. 在近期内减少企业的利润

2. 固定资产发生盘盈时,应根据_____入账。

A. 原始价值　　　　　　　　　　B. 净额

C. 净值　　　　　　　　　　　　D. 市场价格减去估计的价值损耗

3. 固定资产发生盘亏时,应根据_____转入"待处理财产损溢"账户。

A. 原始价值　　　B. 净额　　　C. 净值　　　D. 市场价格

4. _____是指被获准在一定区域和期限内,以一定的形式生产经营某种特定商品或劳务的专有权利。

A. 专利权　　　B. 非专利技术　　　C. 著作权　　　D. 特许权

三、多项选择题

1. 计提固定资产折旧的范围有_____。

A. 作为固定资产入账的土地

B. 大修理停用的固定资产

C. 当月增加的固定资产

D. 当月减少的固定资产

2. 加速折旧法有_____。

A. 使用年限法　　　　　　　　　B. 年限总和法

C. 工作时间法和产量法　　　　　D. 双倍余额递减法

3. 企业在确定固定资产的使用寿命时,应考虑的因素有_____。

A. 该资产的原始价值

B. 该资产的预计生产能力或实物产量

C. 该资产的有形损耗

D. 该资产的无形损耗

4. 通过固定资产清理账户核算的有_____。

A. 投资转出固定资产　　　　　　B. 出售固定资产

C. 报废和毁损固定资产　　　　　D. 盘亏固定资产

5. 固定资产的后续支出包括对现有的固定资产进行扩建、_____。

A. 改建　　　　B. 重建　　　　C. 改良　　　　D. 维护

6. 企业确认无形资产必须同时满足_____的条件。

A. 该无形资产不具备实物形态

B. 与该无形资产有关的经济利益很可能流入企业

C. 该无形资产所提供的经济利益具有不确定性

D. 该无形资产的成本能够可靠地计量

练 习 题

练习题一　练习固定资产取得的核算

一、资料　新光宾馆发生下列有关经济业务:

1. 4月5日,向广州钢琴厂购进钢琴1架,含税价格47 200元,运输费1 000元,款项一并从银行汇付对方,钢琴也已运到,验收使用。

2. 4月11日,向青岛空调器厂购进中央空调1台,含税价格152 400元,运输费600元,款项已承付,中央空调也已运到,并验收入库。

3. 4月16日,武康安装公司领用中央空调进行安装。

4. 4月20日,接受天华公司投入大客车3辆,每辆按投资合同约定的100 000元计量入账。

5. 4月25日,以转账支票支付武康安装公司中央空调安装费1 800元。

6. 4月26日,中央空调安装完毕,已达到预定可使用状态,验收使用。

7. 4月30日,收到东方电脑公司捐赠的电脑3台,每台市场价格6 000元,另签发转账支票支付运输费、手续费等共计500元,电脑已验收使用。

二、要求　编制会计分录。

练习题二　练习固定资产折旧的核算

一、资料

1. 中兴旅行社3月1日有关固定资产明细账户的资料如图表习题4-1所示。

图表习题4-1

固定资产明细账有关资料

固定资产名　　称	计量单位	数量	原始价值	预计使用年　　限	预计净残值率(%)	月折旧额	使用部门
营业大厅	间	1	480 000	30	5		业务
办 公 室	间	1	156 000	30	5		行政管理
大 客 车	辆	1	120 000	8	5		业务

（续表）

固定资产 名　称	计量 单位	数量	原始价值	预计使用 年　限	预计净残 值率(%)	月折旧额	使用部门
复印机	台	1	18 000	5	5		行政管理
电　脑	台	2	12 000	4	4		业务
合　计			786 000				

2. 接着发生下列有关的经济业务：

（1）3月15日，购入电脑1台，含税价格为6 000元，款项以转账支票支付。该电脑预计使用4年，预计净残值率为4%，电脑已由行政管理部门验收使用。

（2）3月31日，计提本月份固定资产折旧额。

（3）4月30日，计提本月份固定资产折旧额。

二、要求

1. 根据"资料1"和"资料2"，用年限平均法计算各项固定资产的折旧额，并编制会计分录。

2. 根据"资料1"，用双倍余额递减法和年数总和法计算复印机和电脑的年折旧额。

练习题三　练习固定资产处置的核算

一、资料　卢湾饭店1月份发生下列有关的经济业务：

1. 2日，有卡车1辆，原始价值为100 000元，已提折旧60 000元，已提减值准备3 000元，经批准准备出售，予以转账。

2. 5日，将卡车出售，收入为35 000元，存入银行。

3. 6日，将出售卡车的净损失转账。

4. 10日，有复印机1台，原始价值为15 000元，已提折旧6 000元，经批准准备出售，予以转账。

5. 12日，出售复印机，收入为9 500元，存入银行。

6. 14日，将出售复印机的净收益转账。

7. 16日，拨付合资经营的奉贤饭店房屋1间，原始价值为360 000元，已提折旧36 000元，未提减值准备，按投资合同约定的330 000元计量，予以转账。

8. 18日，拨付合资经营的奉贤饭店厨房设备1套，原始价值为80 000元，已提折旧12 000元，已提减值准备3 000元，按投资合同约定的64 000元计量，予以转账。

9. 20日，经批准报废清理仓库1座，原始价值为200 000元，已提折旧188 000

元,已提减值准备 2 000 元,予以转账。

10. 25 日,签发转账支票支付仓库处置费用 10 000 元。

11. 30 日,将处置仓库的残料出售收入 15 000 元,存入银行。

12. 31 日,清理仓库完毕,予以转账。

二、要求 编制会计分录。

练习题四 练习固定资产折旧、后续支出、清查和减值的核算

一、资料

1. 泰兴宾馆1月1日各类固定资产如图表习题4-2所示。

图表习题4-2

固定资产明细账户有关资料

金额单位:元

固定资产类别	原 始 价 值	年折旧率(%)	使用部门
钢筋水泥结构房屋	5 000 000	2.38	业务
钢筋水泥结构房屋	1 000 000	2.38	行政管理
空调设备	150 000	9.50	业务
空调设备	30 000	9.50	行政管理
交通运输工具	200 000	11.88	业务
娱乐设备	100 000	10.56	业务
管理设备	50 000	10.56	行政管理

2. 该公司又发生下列有关的经济业务:

(1) 1月2日,将部分客房委托星光建筑公司进行改、扩建,这部分客房的原始价值为 1 000 000 元,已提折旧 300 000 元,予以转账。

(2) 1月15日,签发转账支票支付星光建筑公司改、扩建客房款 500 000 元。

(3) 1月30日,客房已改扩建完毕,已达到预定可使用状态,验收使用,该客房预计可收回金额为 1 210 000 元,予以转账。

(4) 1月31日,按分类折旧率计提本月份固定资产折旧额。

(5) 2月5日,签发转账支票支付大客车大修理费用 22 000 元。

(6) 2月12日,签发转账支票支付管理设备的修理费用 1 800 元。

(7) 2月20日,盘盈电脑1台,同类电脑的市场价格为 6 000 元,有六成新,予以转账。

(8) 2月22日,盘亏小汽车1辆,原始价值为 100 000 元,已提折旧 88 000 元,

已提减值准备 5 000 元,予以转账。

(9) 2 月 24 日,盘盈的电脑报经批准予以核销转账。

(10) 2 月 26 日,盘亏的小汽车报经批准予以核销转账。

(11) 2 月 28 日,按分类折旧率计提本月份固定资产折旧。

(12) 2 月 28 日,有电脑 3 台,每台原始价值 7 200 元,已提折旧 1 800 元,现由于市价持续下跌,每台可收回金额仅为 4 800 元,计提其减值准备。

二、要求　编制会计分录。

练习题五　练习无形资产和长期待摊费用的核算

一、资料　梅龙宾馆发生下列有关的经济业务:

1. 2 月 20 日,向国家土地管理局支付 524 000 元以取得土地使用权 30 年。在洽购时,支付咨询费、手续费 16 000 元,款项一并以转账支票支付。

2. 2 月 28 日,本宾馆自行研究开发一项管理专有技术,分配管理专有技术开发人员在研究阶段的工资 4 000 元,并计提职工福利费 560 元。

3. 2 月 28 日,结转研发支出。

4. 3 月 2 日,管理专有技术进入开发阶段,领用原材料 4 640 元,使用设备计提折旧费 480 元。

5. 3 月 10 日,签发转账支票支付新欣软件公司参与开发管理专有技术的费用 40 000 元。

6. 3 月 31 日,分配管理专有技术人员在开发阶段的工资 32 000 元,并计提职工福利费 4 480 元。

7. 3 月 31 日,管理专有技术项目开发成功,结转其开发成本。该管理专有技术预计使用寿命 8 年。

8. 4 月 5 日,与明珠宾馆合资经营,明珠宾馆以其商标权作为投资,按投资合同约定的 150 000 元入账,该项商标权预计使用寿命为 10 年。

9. 4 月 10 日,将本企业拥有的另一地块的土地使用权出售给静安公司,取得出售收入 480 000 元,当即收到转账支票并存入银行,按出售收入的 5% 计提营业税。该项土地使用权的账面原值为 600 000 元,已摊销了 205 000 元。

10. 4 月 15 日,将一项专利权向南汇宾馆投资,账面原值为 150 000 元,已摊销了 58 500 元,按投资合同约定的 90 000 元入账。

11. 4 月 20 日,将一项管理专有技术出租给新兴宾馆,租金为 76 000 元,当即收到转账支票,存入银行。

12. 4 月 30 日,分配在新兴宾馆指导非专利技术运用的人员的工资 3 500 元,计提职工福利费 490 元。

13. 4 月 30 日,按出租非专利技术收入的 5% 计提营业税额。

14. 4 月 30 日,摊销新增加的、应由本月份负担的管理专有技术、土地使用权和商标权费用。

15. 4 月 30 日,有一项专营权,账面原值为 150 000 元,已摊销了 60 000 元,因有该项专营权的企业增多,使其盈利能力大幅度下降,预计其未来现金流量的现值为 80 000 元,计提其减值准备。

16. 4 月 30 日,将租入房屋改建的客房已竣工,签发转账支票支付佳美装潢公司改建费用 120 000 元。

17. 5 月 31 日,房屋租赁期为 8 年,尚可使用 9 年,摊销应由本月负担的房屋的改建支出。

二、要求 编制会计分录。

第五章　旅游经营业务

判　断　题

1. 国际旅行社主要经营入境旅游业务和出境旅游业务；国内旅行社主要经营国内旅游业务。　　　　　　　　　　　　　　　　　　　　　（　　）

2. 组团包价是指由组团社根据成团人数、等级、路线、时间和提供服务的质量等制定的价格。　　　　　　　　　　　　　　　　　　　　　（　　）

3. 采取电汇结算方式，付款方有得不到旅游服务的风险。　　　（　　）

4. 托收是指由收款人开立汇票或者连同有关单据，委托托收行通过其在付款人所在地代理行向付款人收取款项的结算方式。　　　　　　　（　　）

5. 如果旅游团的旅游开始和结束分属不同的会计年度，应当采用完工百分比法确定提供的劳务收入。　　　　　　　　　　　　　　　　　（　　）

6. 组团社通常先收款，后接待；而接团社通常先接待，后收款。（　　）

7. 接团社和组团社的成本和收入有着紧密的联系，组团社的成本就是接团社的营业收入。　　　　　　　　　　　　　　　　　　　　　　（　　）

二、单项选择题

1. _____是指接团社向旅游者收取的包括市内交通费、导游翻译费、住宿费、用餐费、文娱活动费、杂费等费用在内的应向组团社收取的服务费。

A. 综合服务收入　　　　　　　　B. 零星服务收入

C. 劳务收入　　　　　　　　　　D. 其他服务收入

2. _____是指非组团旅行社为组团社派出的翻译导游人员参加全程陪同，按规定开支的各项费用。

A. 综合服务费　　B. 零星服务成本　　C. 劳务成本　　D. 其他服务成本

三、多项选择题

1. 按照旅行社经营范围的不同，可分为_____。

A. 组团社　　　　　　　　　　　B. 接团社

C. 国际旅行社　　　　　　　　　D. 国内旅行社

2. 采用完工百分比法确认提供的劳务收入必须同时满足的条件是：收入的金额能够可靠地计量、_____。

A. 相关的经济利益很可能流入企业
B. 交易的完工进度能够可靠地计量
C. 交易中已发生和将发生的成本能够可靠地计量
D. 交易中已发生的成本能够可靠地计量

练 习 题

练习题一　练习旅行社经营业务收入的核算

一、资料

1. 上海新光国际旅行社系组团社,与美国南加州旅行社签订组团合同,由其承办赴南加州 9 日游,报价为每人 2 200 美元(不含中美往返机票款)。当日美元的中间价为 USD1＝¥6.35,中美往返机票价为 6 030 元,外加 18％毛利,确定该出境游项目的销售价格为 23 800 元。2011 年 12 月份发生下列有关的经济业务:

(1) 5 日,A2235 旅游团本月 11 日赴美国南加州 9 日游,陆续收取 28 名旅游者旅游费,每人 23 800 元,收取现金,计 666 400 元,存入银行。

(2) 12 日,B1198 旅游团本月 19 日赴云南 8 日游,陆续收取 38 名旅游者旅游费,每人 7 200 元,收取现金,计 273 600 元,存入银行。

(3) 16 日,周大成先生等 4 人因故要求退出旅游团,今按合同规定,扣除其预付旅费 10％的手续费后,以现金退还其剩余的款项。

(4) 19 日,A2235 旅游团旅程结束,已安全返回,确认已实现的旅游经营业务收入。

(5) 22 日,A2236 旅游团本月 27 日赴美国南加州 9 日游,陆续收取 24 名旅游者旅游费,每人 23 800 元,收取现金,计 571 200 元,存入银行。

(6) 26 日,B1198 旅游团已安全返回,确认已实现的经营业务收入。

(7) 31 日,按提供劳务与应提供劳务总量的比例,确认本月 27 日出发的 A2236 旅游团本年度实现的经营业务收入。

2. 西安古城国际旅行社与美国旧金山旅行社签订组团合同,由古城国际旅行社承办组团来我国西安等地旅游。9 月份发生下列有关的经济业务:

(1) 8 日,旧金山旅行社组成了 A1786 旅游团共 30 人,旅游日程为 9 天,共计旅游费 45 000 美元。旅游合同规定,在旅游者入境前要预付旅游费的 40％,今收到旧金山旅行社电汇的 18 000 美元,存入银行,当日美元的中间价为 USD1＝¥6.35。

(2) 20 日,旧金山旅行社的 A1786 旅游团的游程结束,已离境回国。外联部根据各接团社报送的结算通知单,审核无误后,填制"结算账单",计金额 45 000 美元,并填写托收申请书,办妥向对方托收账款的手续,当日美元的中间价为 USD1＝¥6.34。

（3）26 日,收到银行转来美国旧金山旅行社结欠的其余 60% 的旅游费 27 000 美元,当日美元的中间价为 USD1＝¥6.33。

3. 中海旅行社系接团社,根据各组团社 9 月下旬的"旅游团费用拨款结算通知单",编制"旅游费用汇总表"如图表习题 5-1 所示。

图表习题 5-1

旅游费用汇总表

2011 年 9 月 21～30 日 　　　　　　　　　　　　　　　单位:元

项　　目	金　　额		
	团　体	其　他	合　计
综合服务费	47 980	5 120	53 100
住宿费	86 190	8 510	94 700
午餐、晚餐费	45 540	4 960	50 500
机、车、船票费	40 260	4 540	44 800
行李托运费	510		510
全程交通费	17 520	1 980	19 500
游江费	8 120	960	9 080
地方风味费	11 840	1 280	13 120
全程陪同费	8 320	900	9 220
合　　计	266 280	28 250	294 530

二、要求　编制会计分录。

练习题二　练习旅行社经营业务成本的核算

一、资料

1. 上海新光国际旅行社系组团社与美国南加州旅行社签订组团合同,由其承办赴南加州 9 日游,报价每人 2 200 美元(不含中美往返机票款),合同规定,旅游团出发前 3 日预付旅游费的 40%。2011 年 12 月发生下列有关的经济业务:

（1）6 日,向东方航空公司购买 A2235 旅游团赴加州旅游的中美往返机票 29 张,每张 6 030 元,计 174 870 元,票款签发转账支票付讫。

(2)8日,向银行购汇 24 640 美元,汇付美国南加州旅行社 A2235 旅游团 28 名旅游者 40％的旅游费。当日美元卖出价为 USD1＝￥6.36。

(3)16日,向上海航空公司购买 B1198 旅游团赴云南旅游的上海至昆明往返机票款 68 000 元,签发转账支票支付。

(4)19日,A2235 旅游团游程结束,已安全返回,确认已发生的旅游经营业务成本,并向银行购汇 36 960 美元,汇付美国南加州旅行社其余 60％的旅游费,当日美元卖出价为 USD1＝￥6.36。

(5)23日,向东方航空公司购买 A2236 旅游团赴加州旅游的中美往返机票 25 张,每张 6 040 元,计 151 000 元,票款签发转账支票支付。

(6)24日,向银行购汇 21 120 美元,汇付美国南加州旅行社 A2236 旅游团 24 名旅游者 40％的旅游费,当日美元卖出价为 USD1＝￥6.35。

(7)31日,本月 26 日返回的 B1198 旅游团已到规定的结算日,仍没有接到云南旅行社(接团社)报来的"旅游团费用拨款结算通知单",现按计划成本 201 000 元入账。其中:综合服务成本 182 440 元,地游及加项成本 13 100 元,劳务成本 4 800 元,其他服务成本 660 元。

(8)31日,本月 27 日出发去美国旅游 9 日的 A2236 旅游团,其计划旅游成本为 496 080 元,按提供劳务与应提供劳务总量的比例,确认 A2236 旅游团本年度发生的经营业务成本。

(9)次年 1 月 2 日,接到云南旅行社报来的"旅游团费用拨款结算通知单",共计金额 200 830 元,其中:综合服务成本 182 650 元,劳务成本 4 500 元,地游及加项成本 12 800 元,其他服务成本 880 元,经审核无误,账款当即全部汇付对方。

2. 云南旅行社系接团社,发生下列有关的经济业务:

12 月 30 日,在接待上海新光国际旅行社 B1198 旅游团的过程中,共支出 168 680 元。其中:综合服务费 43 680 元,住宿费 54 200 元,餐饮费 28 900 元,车费 25 600 元,风味小吃费 11 920 元,全程陪同费 4 380 元,款项一并以银行存款支付。

二、要求 编制会计分录。

第六章 饮食经营业务

判 断 题

一、是非题

1. 饮食业具有生产、零售和服务三种职能,因此在会计核算上,也具有生产、零售和服务的特点。 （ ）

2. 委托外部加工的实际成本由被加工材料成本和加工费构成。 （ ）

3. 永续盘存制是指根据会计凭证逐笔登记各种原材料收入和发出的数量,并随时结出账面结存数量的方法。 （ ）

4. 饮食业采用实地盘存制时,月末根据厨房剩余原材料的金额、在制品的盘点金额以及库存原材料的盘存金额,倒挤耗用原材料的成本。 （ ）

5. 一料多档是指原材料经初加工后,产生几种半成品,因此需分别计算各种半成品的价格。 （ ）

6. 成本毛利率法是指以饮食制品的成本价格为基数,按确定的成本毛利率加成计算出销售价格的方法。 （ ）

7. 为了既满足管理上的需要,又简化计算手续,可采用换算的方法,将成本毛利率计算为销售毛利率。 （ ）

二、单项选择题

1. 不适宜入库管理的原料是_____。

A. 粮油　　　　B. 干货　　　　　　C. 调味品　　　D. 肉

2. 采用销售毛利率法确定饮食制品售价的计算公式为_____。

A. 售价＝成本价×(1＋成本毛利率)

B. 售价＝成本价×(1＋销售毛利率)

C. 售价＝$\dfrac{原材料成本}{1-销售毛利率}$

D. 售价＝$\dfrac{原材料成本}{1-成本毛利率}$

三、多项选择题

1. 原材料按其在餐饮产品中所起的作用可分为粮食类、____等。

A. 副食类　　　　 B. 鲜菜类　　　　 C. 干货类　　　　 D. 其他类

2. 自制原材料成本包括_____。

A. 耗用的材料　　 B. 工资　　　　　 C. 其他费用　　　 D. 管理费用

3. 餐饮业销售货款的结算方式有_____等。

A. 预收账款　　　　　　　　　　　 B. 先收款后就餐

C. 先就餐后结算　　　　　　　　　 D. 一手交钱一手交货

练　习　题

练习题一　练习委托加工材料的核算

一、资料　状元楼酒家 9 月份发生下列有关加工材料的经济业务:

1. 1 日,委托盛昌食品厂加工月饼馅料 2 500 千克,根据委托加工合同送去赤豆 500 千克,每千克 9 元;膘肉 400 千克,每千克 22 元;糖 1 000 千克,每千克 7.20 元。

2. 3 日,送往盛昌食品厂杏仁 100 千克,每千克 68 元;通心莲 100 千克,每千克 60 元。

3. 4 日,以现金支付本月 1 日、3 日两次送货发生的运杂费 250 元。

4. 8 日,签发转账支票 7 500 元,支付盛昌食品厂月饼馅料的加工费。

5. 10 日,2 500 千克月饼馅料加工完毕,退回多余赤豆 50 千克、糖 20 千克、杏仁 5 千克,已验收入库。

6. 11 日,支付运回月饼馅料的车费 200 元,2 500 千克月饼馅料也已验收入库。

二、要求　编制会计分录。

练习题二　练习原材料成本的核算

一、资料

1. 绿村酒楼 2 月份期初原材料结存情况如下:

(1) 仓库结存粮食类原材料 8 775 元,其中大米 900 千克,每千克 5 元,精白面粉 950 千克,每千克 4.50 元,干货类原材料 30 000 元,其他类原材料 8 000 元。

(2) 厨房有副食类的原材料共计 16 000 元,其他类原材料 500 元。

2. 接着发生下列经济业务:

(1) 2 日,向三昌南货店购进木耳 100 千克,每千克 70 元,开出转账支票一张,结清货款。木耳已验收入库。

（2）5日，向黄新副食品公司购进猪肉 500 千克，每千克 36 元；肉鸡 200 千克，每千克 18 元。上述猪肉及肉鸡已由厨房验收，货款当即以 3 个月到期的商业汇票付讫。

（3）10日，向上海水产公司购进条虾 100 千克，每千克 60 元；虾仁 50 千克，每千克 80 元。条虾和虾仁已由厨房验收，货款签发转账支票付讫。

（4）12日，向鲜得来调味品厂购进味精、鲜辣粉等调味品一批，共计 2 000 元，货已验收入库，货款以转账支票付讫。

（5）16日，向大福粮食商店购进大米 1 200 千克，每千克 5.10 元；精白面粉 1 400 千克，每千克 4.40 元。大米和精白面粉已验收入库，货款以转账支票付讫。

（6）28日，仓库经过盘点，结存粮食类原材料 7 820 元。其中：大米 800 千克，每千克 5.10 元；精白面粉 850 千克，每千克 4.40 元；干货类原材料 20 200 元；其他类原材料 7 500 元。厨房经过盘点，结存副食品类原材料 16 500 元，其他类原材料 400 元。结转耗用原材料成本。

二、要求 编制会计分录。

练习题三　练习主配调料成本的计算

一、资料 新光餐厅发生下列经济业务：

1. 2月1日，购入条虾 10 千克，每千克 60 元，经加工后得净虾 8 千克。

2. 2月2日，购入冬笋 100 千克，每千克 18 元，经加工后得净笋 40 千克。

3. 2月4日，购进肉鸡 100 千克，每千克 16 元，经加工后得鸡头重 1 千克，共 50 只，每只 0.26 元；鸡身重 63 千克，每千克 17.20 元；鸡翅膀 10 千克，每千克 26.60 元；无价值下脚料 10 千克；鸡腿 9 千克。

4. 2月6日，购进冻牛肉 100 千克，每千克购进价为 46 元，总计 4 600 元。经加工后得牛筋 15 千克，每千克 9 元；下脚料 8 千克，每千克 5 元；净牛肉 72 千克，其余为损耗。

二、要求 分别计算净虾、净笋、鸡腿和净牛肉的价格。

练习题四　练习饮食制品售价的制定

一、资料 丰泽饭庄 2月5日有菜肴的配料资料如下：

1. 新上市"佛跳墙"菜肴，计划每锅"佛跳墙"用鲜净牛肉 0.5 千克，每千克 68 元；上等火腿上方 0.2 千克，每千克 150 元；鱼翅 0.2 千克，每千克 1 800 元；海参 0.2 千克，每千克 150 元；其他调配料 15 元。

2. 推出双菇炒冬笋的菜肴，用冬笋 0.1 千克，每千克 45 元；冬菇 0.1 千克，每千克 120 元；蘑菇 0.15 千克，每千克 20 元；其他调配料 1 元。

3. 推出清蒸鲥鱼菜肴,每盆清蒸鲥鱼用鲥鱼重 0.5 千克,每千克 200 元;其他调配料 2 元。

二、要求

1. 如果销售毛利率为 40%,计算每种菜肴价格。

2. 如果成本毛利率为 67%,计算每种菜肴价格。

练习题五　练习饮食业营业收入的核算

一、资料　华声饭店 9 月上旬发生下列有关的经济业务:

1. 1 日,收款台转来销货日报表和收款日报表如图表习题 6-1、图表习题 6-2 所示。并交来销货现金 12 588 元,转账支票 2 196 元,信用卡签购单 3 800 元。信用卡手续费率为 9‰,短缺现金 5 元,原因待查。

图表习题 6-1

销 售 日 报 表

2011 年 9 月 1 日　　　　　　　　　　　　　　　　单位:元

项　　目	金　　额	(减)金卡优惠	应收金额
菜肴	14 780.00	325.00	14 455.00
点心	1 310.00	36.00	1 274.00
饮料	2 860.00		2 860.00
合　　计	18 950.00	361.00	18 589.00

制表员:周　瑛

图表习题 6-2

收 款 日 报 表

2011 年 9 月 1 日　　　　　　　　　　　　　　　　单位:元

收款方式	应收金额	实收金额	溢　缺　款
现金	12 593.00	12 588.00	−5.00
转账支票	2 196.00	2 196.00	
信用卡	3 800.00	3 800.00	
合　　计	18 589.00	18 584.00	−5.00

收款员:王海波

2. 1 日,将销货金额解存银行。

3. 2 日,查明 1 日营业短缺款系收款员工作中差错所造成,报经批准,由企业列支。

4. 3日，顾客李安先生前来预订酒席5桌，每桌2 000元，预收定金1 000元。李安先生以信用卡支付，信用卡手续费率为9‰。

5. 4日，东风公司预订2月6日酒席2桌，每桌1 600元，预收定金320元。东风公司以现金支付。

6. 5日，李安先生酒席开席，除酒席每桌2 000元外，另加烟、酒、饮料计1 400元，扣除预收定金1 000元后，其余款项李安先生以信用卡支付，信用卡手续费率为9‰。

7. 6日上午，业务部门接到东风公司通知，预定酒席因故取消，今因客户违约将客户预收定金转为企业收入入账。

二、要求 编制会计分录。

第七章　服务经营业务

判　断　题

一、是非题

1. 旅店的客房可以出租,但不能储存,如在规定的时间内不出租,其效用就自然消失,价值就无法收回,因此要加强客房业务的经营管理。　　　　（　　）

2. 客户出租的主要价格有标准房价、团队房价和实际出租房价。　（　　）

3. 抵减坏账法是指参照历史资料,按期估计可能发生的坏账损失,以备实际发生坏账时用以抵偿坏账损失。　　　　　　　　　　　　　　（　　）

4. 广告经营者是指受委托提供广告设计、制作、发布广告的法人、其他经济组织或者个人。　　　　　　　　　　　　　　　　　　　　　（　　）

5. 照相业除了核算耗用原材料总成本外,还要核算每种产品的单位成本。
　　　　　　　　　　　　　　　　　　　　　　　　　　　　　（　　）

6. 电波广告的发布成本是指支付给电视台、电台的发布费用。　（　　）

7. 修理业的成本只核算修理过程中耗用的零配件和修理材料,不核算人工费用。　　　　　　　　　　　　　　　　　　　　　　　　　（　　）

二、单项选择题

1. 预提坏账准备是以会计信息质量要求中的_____为依据的。

A. 可比性　　　　　　　　　　B. 相关性

C. 重要性　　　　　　　　　　D. 谨慎性

2. _____是指利用建筑物、道路、天空等空间形式发布的广告。

A. 空间广告　　　　　　　　　B. 漂浮广告

C. 户外广告　　　　　　　　　D. 印刷广告

3. 洗染业由于管理上和技术操作上的失误,发生衣物损坏而需要作价赔偿的应_____账户。

A. 冲减"主营业务收入"　　　　B. 列入"主营业务成本"

C. 列入"管理费用"　　　　　　D. 列入"营业外支出"

三、多项选择题

1. 具有生产、服务、销售三项职能的服务业有_____。

A. 照相　　　　　B. 客房　　　　　C. 洗染　　　　　D. 修理

E. 广告　　　　　F. 美容

2. 户外广告的发布成本有_____。

A. 广告画面制作费　　　　　　　　B. 框架制作费

C. 阵地费　　　　　　　　　　　　D. 户外广告登记费

3. 除了发生销售费用外,还发生主营业务成本的服务业有_____。

A. 客房经营业务　　　　　　　　　B. 美容经营业务

C. 广告经营业务　　　　　　　　　D. 照相经营业务

E. 洗染经营业务　　　　　　　　　F. 娱乐经营业务

G. 修理经营业务

4. 可以先服务后收款,也可以先收款后服务的有_____。

A. 客房经营业务　　　　　　　　　B. 美容经营业务

C. 沐浴经营业务　　　　　　　　　D. 照相经营业务

E. 洗染经营业务　　　　　　　　　F. 娱乐经营业务

G. 广告经营业务　　　　　　　　　H. 修理经营业务

练 习 题

练习题一　练习旅店业先收款后住店结算方式的核算

一、资料　春光旅社 2 月上旬发生下列经济业务:

1. 1 日,收到 105 客房刘琦的预交房金 1 200 元。

2. 2 日,103 客房王岩离店,除结清上月预交款 1 200 元外,补差交来现金 200 元,当场点清收讫。

3. 6 日,105 客房刘琦离店,结清房金后,退还多余款项 200 元。

4. 6 日,203 客房周兰荪来店预交房金 1 000 元。

5. 8 日,上月来店 201 客房王家伟前来结账,结清预交款 2 000 元后,补差交来现金 500 元。

6. 10 日,203 客房周兰荪又预交房金 500 元。

二、要求　编制会计分录。

练习题二　练习旅店业先住店后付款结算方式的核算

一、资料

1. 沪光酒店实行先住店后结算方式,营业收入日报表资料如图表习题 7-1 所示。

图表习题 7-1

营业收入日报表

2011 年 5 月 3 日　　　　　　　　　　　　　　单位:元

项目 \ 房型	单人房	标准房	套房	合计	结　欠　房　金		备注
房金	2 500.00	11 750.00	4 000.00	18 250.00	上日结欠	95 780.00	
饮料	60.00	420.00	160.00	640.00	本日应收	19 350.00	
食品	50.00	330.00	80.00	460.00	本日交付	18 620.00	
其他					其中:现金	12 620.00	
					信用卡签购单	4 000.00	
合计	2 610.00	12 500.00	4 240.00	19 350.00	支票	2 000.00	
出租客房间数:72					本日结欠	96 510.00	
空置客房间数:8					长款:　　　短款:		

收款人:乔玉　　　　　　交款人:王强　　　　　　　　制表:周云芳

（1）根据营业收入日报表中"营业收入"栏的数额入账。

（2）信用卡结算手续费率为 9‰,根据营业收入日报表中"结欠房金栏"的"本日交付"各项目的数额入账。

2. 神州宾馆对坏账损失采用抵减坏账法,12 月 1 日"坏账准备"账户为贷方余额 500 元,接着又发生下列经济业务:

（1）12 月 10 日,102 客房张江上月不辞而别,结欠房金 450 元无法收回,经批准转作坏账损失。

（2）12 月 31 日,应收账款账户余额为 98 000 元,按 1% 坏账准备率计提坏账准备。

二、要求　编制会计分录。

练习题三　练习美容业务的核算

一、资料　华安美容院实行先服务后收款方式,9 月 1 日营业收入日报表如图表习题 7-2 所示。

图表习题 7-2

营业收入日报表

2011 年 9 月 1 日

项　　目	服务人次（次）	单　价（元）	金　额（元）	备　　注
一、美容部收入			5 580.00	
其中：脸部护理	45	100.00	4 500.00	
文眼线	4	160.00	640.00	
修指甲	11	40.00	440.00	收款情况：
二、理发部收入			5 750.00	现金　　　9 330.00 元
其中：剪发	95	22.00	2 090.00	信用卡签购单 2 000.00 元
吹风	25	10.00	250.00	
烫发	15	100.00	1 500.00	长款：
焗油	10	110.00	1 100.00	
发质护理	9	90.00	810.00	短款：
营业收入合计			11 330.00	

1. 信用卡结算手续费率为 9‰，根据营业收入日报表及现金、信用卡签购单，核对无误，予以入账。

2. 填制解款单，将现金送存银行。

二、要求　编制会计分录。

练习题四　练习沐浴业业务的核算

一、资料　西海浴室的营业收入日报表及有关资料如图表习题7-3所示。

图表习题 7-3

营业收入日报表

2011 年 2 月 15 日

项　　目	服务人次（次）	单　价（元）	金　额（元）	备　注
一、沐浴收入			9 770.00	
（一）男子部			3 650.00	
其中：大众厅	110.00	15.00	1 650.00	
安乐厅	80.00	25.00	2 000.00	

(续表)

项　目	服务人次 (次)	单　价 (元)	金　额 (元)	备　注
(二) 女子部			2 970.00	
其中:淋浴	90.00	18.00	1 620.00	
盆浴	45.00	30.00	1 350.00	
(三) 其他			3 150.00	
其中:助浴	45.00	20.00	900.00	
扦脚	16.00	20.00	320.00	
括捏脚	34.00	25.00	850.00	
头部护理	36.00	30.00	1 080.00	
二、其他收入			(略)	
营业收入合计			9 770.00	

实收现金人民币玖仟柒佰陆拾元整　　　　长款:　　　　短款:10元

1. 2月15日,根据营业收入日报表及现金,核对无误,短款原因待查,予以入账。

2. 2月15日,将现金解存银行。

3. 2月18日,今查明15日短款10元是收款工作中的差错,经批准作为企业损失。

二、**要求**　编制会计分录。

练习题五　练习广告经营业务的核算

一、**资料**　卢湾广告公司与飞马汽车厂签订合同,为其制作推销汽车的灯箱广告40个。画面制作费为30 000元,广告的发布期为1年,自2011年10月1日至2012年9月30日;发布费为216 000元,在每月发布后的月末结算。

1. 9月1日,预收飞马汽车厂制作汽车灯箱广告画面款的45%,当即收到转账支票13 500元,存入银行。

2. 9月1日,向申江公司定制灯箱广告框架40只,每只8 100元,计金额342 000元,签发转账支票预付其40%的账款129 600元。

3. 9月29日,汽车灯箱广告的画面制作完毕,经飞马汽车厂验收合格,当即填制销售发票,予以入账。

4. 9月30日,签发转账支票支付给城西高速公路管理公司第四季度租用设置灯箱广告的场地费27 600元。

5. 9月30日,申江公司制作的灯箱广告框架40个已竣工并验收使用,签发转转账支票支付其余60%的账款。

6. 9月30日,为飞马汽车厂制作的汽车广告的画面,共领用原材料10 200元,支付制作和安装人员薪酬5 350元;发生费用3 170元。以银行存款支付。

7. 9月30日,签发转账支票支付广告管理部门户外广告登记费2 330元。

8. 10月5日,收到飞马汽车厂付来汽车广告画面制作其余55%的账款16 500元,存入银行。

9. 10月31日,收到飞马汽车厂付来本月份汽车广告的发布费18 000元,存入银行。

10. 10月31日,灯箱广告框架预计使用6年,预计净残值为零,用直线法计提其折旧,并将本月份租用的场地费入账。

二、要求 编制会计分录。

练习题六 练习照相业务的核算

一、资料 悦来照相馆3月份发生下列有关的经济业务:

1. 1日,向华昌公司购入相纸5箱,每箱500元,货款以银行存款付讫。另以现金50元支付其运杂费,相纸已验收入库。

2. 3日,摄印组领用相纸一箱计510元,显、定影药水各1瓶计200元。

3. 3日,向东兴公司购入显影药水5瓶,每瓶100元,货款暂欠。显影药水到货,已验收入库。

4. 5日,收到现金4 500元,其中原照收入2 200元,彩扩收入2 000元,冲洗收入300元。

5. 15日,摄印组领用相纸1箱计510元,显、定影药水各1瓶计200元。

6. 20日,收到现金6 000元,其中原照收入3 000元,彩扩收入2 500元,冲洗收入500元。

7. 25日,收到业务部门交来转账支票1张,金额1 200元,系本馆为东亚电视机厂翻拍广告照片的业务收入,当即存入银行。

8. 30日,收到现金7 500元,其中原照收入3 540元,彩扩收入3 360元,冲洗收入600元。

9. 31日,摄印组办理假退料手续,将相纸半箱计255元和显、定影药水各半瓶计100元作退料处理。

10. 4月1日,将上月底办理假退料的相纸和显、定影药水款项如数冲回。

二、要求 编制会计分录。

练习题七　练习洗染业业务的核算

一、资料　大昌洗染店 4 月份发生下列有关的经济业务:

1. 1 日,业务部门接受客户委托干洗衣物 120 件,计 2 040 元;水洗衣物 88 件, 计 1 250 元,款项结欠。

2. 5 日,客户前来领取衣物,收取洗涤衣物款计现金 3 180 元。

3. 15 日,接受委托干洗衣物 135 件,计 2 200 元,水洗衣物 108 件,计 1 520 元,织补衣物 12 件,计 400 元,皮衣上光 20 件,计 700 元,款项结欠。

4. 16 日,客户前来领取交洗的衣物,收取洗涤衣物款计现金 1 960 元。

5. 20 日,顾客取衣时,发现有 1 件呢大衣因洗衣工艺而存在质量问题,经领导批准洗衣款 27 元不收,并赔偿 50 元。

6. 24 日,大光工厂送来工作服 1 000 套,委托水洗,谈妥每套收费 12 元。

7. 25 日,客户送来干洗衣物 126 件,计 2 110 元;水洗衣物 102 件,计 1 480 元。

8. 28 日,客户前来领取交洗的衣物,收取洗涤衣物款计现金 3 390 元。

9. 29 日,大光工厂前来取衣,并交来转账支票一张,金额 12 000 元,当即存入银行。

10. 30 日,将本月洗衣领用的洗衣粉 1 500 元、干洗药水 1 800 元、上光药水 300 元,结转其成本。

二、要求　编制会计分录。

练习题八　练习娱乐业业务的核算

一、资料　大华舞厅 2 月份发生下列有关开办投资的经济业务:

1. 1 日,购入沙发 10 套,每套 800 元;茶几、椅子 40 套,每套 250 元。开出转账支票一张,支付货款。

2. 5 日,购置灯光设备 1 套,价格 14 000 元,开出转账支票 1 张,支付全部货款。

3. 8 日,购置音响 1 套,价值 60 000 元;彩电 4 台,每台 6 000 元,开出转账支票 1 张,支付全部货款。

4. 26 日,舞厅装修工程结束,开出转账支票 1 张,金额 175 000 元,支付全部装修费用。

5. 28 日,舞厅正式开张营业,其接待能力为 600 人,门票销售率预计为 75%;每位客人饮料成本 1.50 元;每场乐队、歌手开支 500 元;规定营业毛利率为 66%。

二、要求

1. 编制会计分录。

2. 计算舞厅的收费价格。

练习题九　练习修理业业务的核算

一、资料　红光电器修理行 2 月份发生下列有关的经济业务：

1. 1 日,购进电视机各种零配件 45 000 元,零配件已验收入库,价款签发转账支票付讫。

2. 10 日,修理部门修理电视机完工 100 台,应收修理费用18 000元。

3. 14 日,客户领取修好的电视机,收到现金 17 800 元,存入银行。

4. 20 日,修理部门修理电视机完工 75 台,应收修理费用共 13 200 元。

5. 26 日,客户领取修好的电视机,收到现金 14 500 元,存入银行。

6. 28 日,根据修理部门的领料单,编制耗用原材料汇总表,共耗用材料15 980元,予以转账。

7. 28 日,修理部门修理电视机完工 80 台,应收修理费用14 750元。

二、要求　编制会计分录。

第八章　商场经营业务

判　断　题

一、是非题

1. 数量进价金额核算法是指库存商品的总分类账户和明细分类账户除均按进价金额反映外,其明细分类账户还必须反映商品实物数量的核算方法。（　　）

2. 代销商品在销售的同时就体现了销售收入的实现。（　　）

3. 商品可变现净值是指在日常活动中,商品估计的售价减去商品的成本、估计的销售费用后的差额。（　　）

4. 采用售价金额法发生退价的核算与进货退出的核算方法是不同的。

（　　）

5. 集中收款容易发生差错与弊端,而分散收款手续繁琐。（　　）

6. 分柜组差价率推算法是指按商场各营业柜组商品的存销比例,推算本期已销商品应分摊进销差价的方法。（　　）

7. 计算已销商品进销差价是手段,调整商品销售成本才是目的。（　　）

8. 采用实际进销差价计算法计算已销商品进销差价需要根据期末"商品进销差价"、"库存商品"和"主营业务收入"账户余额等资料来进行。（　　）

9. 采用售价金额核算法的企业发生商品短缺或溢余时,应按商品的售价记入"待处理财产损溢"账户。（　　）

二、单项选择题

1. 已销商品进销差价计算偏低,那么_____。

A. 期末库存商品价值偏低,毛利也偏低

B. 期末库存商品价值偏低,毛利则偏高

C. 期末库存商品价值偏高,毛利也偏高

D. 期末库存商品价值偏高,毛利则偏低

2. 借记"商品进销差价"账户和"应交税费"账户,贷记"应收账款"账户是_____业务的会计分录。

A. 数量进价金额核算法购进商品补价

B. 数量进价金额核算法购价商品退价

C. 数量售价金额核算法购进商品补价

D. 数量售价金额核算法购进商品退价

三、多项选择题

1. 售价金额核算法的要点是_____。

A. 建立实物负责制   B. 库存商品按售价记账

C. 设置"商品进销差价"账户   D. 加强商品盘点

2. 商品盘缺根据所查明的不同的原因,经批准后转入_____等有关账户。

A. 销售费用   B. 管理费用

C. 营业外支出   D. 其他应收款

3. 采用售价金额核算法,月末需要调整的账户有_____。

A. 库存商品   B. 商品进销差价

C. 主营业务收入   D. 主营业务成本

练 习 题

练习题一　练习数量进价金额核算法(商品进销部分)

一、资料　红星宾馆附设商场 2 月份发生下列经济业务:

1. 2 日,向黄星记扇庄购进檀香扇 30 把,收到专用发票,列明每把单价 300 元,计货款 9 000 元,增值税额 1 530 元。审核无误后,当即签发转账支票付讫。

2. 3 日,商场转来收货单,昨日从黄星记扇庄购进的 30 把檀香扇,每把 300 元,已全部验收入库。

3. 5 日,今复验檀香扇,发现其中 5 把质量不符合要求,经联系后同意退货,收到其退货的红字专用发票,开列退货款 1 500 元,退增值税额 255 元,款项尚未收到。檀香扇已退还对方。

4. 6 日,根据商品委托代销合同,接受大明玉器厂玉手镯 40 只,每只接受价为 255 元,计货款 10 200 元,增值税税率为 17%,合同规定每个月末结算一次。玉手镯已验收入库。

5. 8 日,向土产品进出口公司购进紫砂茶具 50 套,收到专用发票,列明每套 350 元,计货款 17 500 元,增值税额 2 975 元,款项当即签发转账支票付讫,商场也转来收货单,50 套茶具已验收入库。

6. 12 日,向上海百货公司购入化妆品 20 盒,收到专用发票,列明每盒单价 600 元,计货款 12 000 元,增值税额 2 040 元,当即签发转账支票付讫,商场也转来收货单,20 盒化妆品也已验收入库。

7. 14日,收到上海百货公司红字更正发票,列明化妆品每套价格为560元,应退货款800元,退增值税额136元,已收到退款转账支票,存入银行。

8. 18日,收到商场交来的"销货日报表"和"收款日报表",列明售出檀香扇10把,每把400元;售出紫砂茶具8套,每套460元;售出化妆品6盒,每盒740元。货款中转账支票结算为1 520元,信用卡结算为1 600元,其余部分为现金结算,信用卡结算的手续费率为9‰,该宾馆为信用卡特约结算单位,各种结算凭证和现金均已解存银行。

9. 18日,根据销售商品的进价,结转其销售成本。

10. 20日,向上海珠宝厂购入珍珠项链30条,收到专用发票,列明每条200元,计货款6 000元,增值税额1 020元。款项以商业汇票付讫。商场也转来收货单,30条珍珠项链已验收入库。

11. 22日,收到上海珠宝厂更正发票1张,列明珍珠项链每条价格为210元,补收货款300元,增值税额51元,经审核无误,当即以转账支票付讫。

12. 24日,向黄星记扇庄购进檀香扇25把,每把单价300元,计货款7 500元,增值税额1 275元。款项当即签发转账支票付讫,商场也转来收货单,25把檀香扇已验收入库。

13. 25日,销售代销的玉手镯20只,每只售价300元,计货款6 000元,增值税额1 020元,收到现金,解存银行。

14. 27日,开出代销玉手镯清单及代销手续费发票,开列代销玉手镯20只,每只代销手续费为45元,予以转账。

15. 28日,收到商场转来"销货日报表"和"收款日报表",列明售出珍珠项链15条,每条280元;售出檀香扇20把,每把400元;售出紫砂茶具15套,每套460元;售出化妆品8盒,每盒740元。货款中转账支票结算为1 260元,信用卡结算为3 600元,其余部分为现金结算,信用卡结算的手续费率为9‰,各种结算凭证和现金均已解存银行。

16. 28日,收到大明玉器厂专用发票,开列玉手镯20只,货款6 000元,增值税额1 020元,扣除代销手续费900元后,签发转账支票支付已售代销商品全部账款。

17. 28日,根据销售商品的进价,结转其销售成本。

18. 28日,该企业销售商品的增值税税率为17%,调整本月份的主营业务收入。

二、要求 编制会计分录。

练习题二 练习数量进价金额核算法(商品储存部分)

一、资料 金陵宾馆附设商场发生下列有关的经济业务:

1. 3 月 26 日,收到商品盘点短缺溢余报告单如图表习题 8-1 所示。

图表习题 8-1

商品盘点短缺溢余报告单

2011 年 3 月 26 日　　　　　　　　　　　　　单位:元

品　名	计量单位	单价	账存数量	实存数量	短　缺		溢　余		原因
					数量	金额	数量	金额	
珍珠项链	条	220.00	22	20	2	440.00			
龙井绿茶	听	50.00	105	102	3	150.00			待查
祁门红茶	听	40.00	96	98			2	80.00	
檀香扇	把	300.00	18	28			10	3 000.00	
合　计						590.00		3 080.00	

2. 3 月 28 日,在清查盘点中发现真丝睡衣 50 件因陈旧过时,每件售价经批准削价为 70.20 元,内含增值税额 10.20 元,而其成本为 78 元,估计销售费用为 1 元,计提存货跌价准备。

3. 3 月 29 日,查明溢余 10 把檀香扇系黄星记扇庄多发商品,黄星记扇庄现补来专用发票,开列货款 3 000 元,增值税额 510 元,款项尚未支付。

4. 3 月 30 日,查明短缺珍珠项链 2 条是由于保管人员失职造成的。经批准,其中 60% 由责任人赔偿,40% 作为企业损失处理。

5. 3 月 31 日,查明龙井绿茶短缺 3 听、祁门红茶溢余 2 听是由于销售过程中的差错所造成的,经批准分别作为企业损失、收益处理。

6. 4 月 5 日,销售削价的真丝睡衣 25 件,收到现金 1 755 元,存入银行,结转其销售成本,并结转已计提的存货跌价准备。

二、要求　编制会计分录。

练习题三　练习售价金额核算法(商品进销部分)

一、资料

1. 徐汇宾馆附设商场有关账户 12 月份期初余额如下:

库存商品——百货柜 120 120 元　　　商品进销差价——百货柜 30 150 元

库存商品——食品柜 114 780 元　　　商品进销差价——食品柜 28 880 元

2. 12月份发生下列有关的经济业务:

(1) 1日,向上海百货公司购进商品一批,计进价金额 29 300 元,增值税额 4 981 元,审核无误后,款项当即签发转账支票付讫。

(2) 2日,购进的商品由百货柜验收后,转来收货单如图表习题 8-2 所示。

图表习题 8-2

收 货 单

收货部门:百货柜　　　　　　　2010 年 12 月 2 日　　　　　　　单位:元

商品名称	购 进 价 格				销 售 价 格			
	单位	数量	单价	金 额	单位	数量	单价	金 额
舒肤佳香皂	10 块	100	30.00	3 000.00	块	1 000	4.20	4 200.00
印花毛巾	10 条	80	75.00	6 000.00	条	800	10.00	8 000.00
香水	10 瓶	30	450.00	9 000.00	瓶	300	60.00	12 000.00
护肤霜	10 盒	50	226.00	11 300.00	盒	500	30.20	15 100.00

(3) 4日,收到上海百货公司更正发票,舒肤佳香皂每 10 块应为 31 元,应补收货款 100 元,增值税额 17 元。

(4) 8日,向上海玩具厂购进长毛绒熊猫 1 000 只,每只 31.20 元,计货款 31 200 元,增值税额 5 304 元。款项以商业汇票付讫,长毛绒熊猫已由百货柜验收,其销售单价为 42 元。

(5) 12日,复验长毛绒熊猫发现其中 100 只质量不符要求,经联系,对方已同意退货。今收到厂方开来的红字专用发票,商品已退还对方,应退货款及增值税额尚未收到。

(6) 15日,百货柜销货收入为 65 560 元,食品柜销货收入为 60 980 元。货款结算中现金为 109 540 元,转账支票为 5 000 元,信用卡为 12 000 元,信用卡的结算手续费率为 9‰,该宾馆为信用卡特约结算单位,现金及各种结算凭证均已送存银行。

(7) 18日,向上海食品公司购进商品一批,计进价金额 59 700 元,增值税额 10 149 元,款项以转账支票付讫,商品由食品柜验收后,转来收货单,如图表习题 8-3 所示。

图表习题 8-3

收 货 单

收货部门：食品柜　　　　　2010 年 12 月 18 日

商品名称	购 进 价 格				销 售 价 格			
	单位	数量	单价	金 额	单位	数量	单价	金 额
椰奶	30 听	60	70.00	3 500.00	听	1 800	3.20	5 760.00
橙汁	24 听	100	45.00	1 350.00	听	2 400	2.50	6 000.00
牛肉干	10 袋	120	188.00	22 560.00	袋	1 200	25.00	30 000.00
猪肉脯	10 袋	100	148.20	14 820.00	袋	1 000	20.00	20 000.00
鱼片干	10 袋	150	90.80	13 620.00	袋	1 500	12.00	18 000.00

　　(8) 21 日，收到上海食品公司更正发票，鱼片干每 10 袋应为 88.80 元，应退货款 300 元，退增值税额 51 元。

　　(9) 25 日，向上海玩具厂购进长毛绒老虎 1 000 只，每只 29.40 元，计货款 29 400 元，增值税额 4 998 元。款项尚未支付，长毛绒老虎已由百货柜验收，其销售单价为 40 元。

　　(10) 27 日，收到上海玩具厂更正发票，长毛绒老虎每只应为 30 元，应补收货款 600 元、增值税额 102 元。

　　(11) 28 日，签发转账支票支付前欠上海玩具厂账款。

　　(12) 29 日，向益民食品厂购进夹心巧克力 1 000 盒，每盒 28.50 元，计货款 28 500 元，增值税额 4 845 元。款项签发转账支票付讫，食品柜转来收货单，夹心巧克力已验收入库，其销售单价为 38 元。

　　(13) 31 日，销货收入百货柜为 53 780 元，食品柜为 54 850 元，货款结算中现金为 87 430 元，转账支票为 6 200 元，信用卡为 15 000 元，信用卡的结算手续费率为 9‰，现金及各种结算凭证均已送存银行。

　　(14) 31 日，根据资料 1 和本月份发生的商品进销业务，用分柜组差价率法调整主营业务成本。

　　(15) 31 日，根据 17% 的增值税税率，调整本月份主营业务收入。

　　(16) 31 日，如果通过盘点后，百货柜商品进价金额为 87 760 元，食品柜商品进价金额为 86 730 元，用实际进销差价计算法调整主营业务成本。

二、要求

　　1. 根据"资料 1"，设置"库存商品"、"商品进销差价"明细账。

　　2. 根据"资料 2"，编制会计分录。

3. 根据"资料 3"编制的会计分录,登记"库存商品"、"商品进销差价"和"主营业务收入"明细账。

练习题四　练习售价金额核算法(商品储存部分)

一、资料

1. 梦花饭店附设商场 3 月 25 日有关账户余额如下:

库存商品——百货柜　　272 550 元　　　　库存商品——食品柜　　266 200 元

2. 接着本月份发生下列有关的经济业务:

(1) 25 日,向上海冠生园食品厂购入大白兔奶糖 600 听,每听 27 元,计货款 16 200 元,增值税额 2 754 元。款项当即签发转账支票付讫。食品柜也转来收货单,大白兔奶糖已验收入库,其销售单价为 36 元。

(2) 25 日,向上海工艺品厂购入香木扇 1 000 把,每把 11.10 元,计货款 11 100 元,增值税额 1 887 元。款项以商业汇票付讫,百货柜也转来收货单,香木扇已验收入库,其销售单价为 15 元。

(3) 25 日,百货柜复验商品,发现日前向精艺编结厂购入的编结衫中有 10 件质量不符要求,经联系对方同意退货,已开来红字专用发票。该编结衫每件进价 75 元,售价 100 元,增值税税率为 17%,退货退税款尚未收到。

(4) 25 日,日前从光明食品厂购进的 800 听奶粉,每听 30 元,已由食品柜验收入库。今收到该厂开来的更正发票,应为每听 31 元。应补收货款 800 元,增值税额 136 元。

(5) 25 日,日前从上海伞厂购进的 1 000 把折伞,每把 20.50 元,已由百货柜验收入库。今收到上海伞厂开来的更正发票,每把折伞应为 20 元,应退货款 500 元,退增值税额 85 元。

(6) 25 日,百货柜清查盘点商品时发现有 20 件编结衫因式样陈旧而滞销,经批准每件削价 58.50 元,增值税税率为 17%,其原售价为 100 元,成本为 75 元,估计销售费用为 1 元,计提其跌价准备。

(7) 25 日,食品柜清查盘点商品时发现有 30 听巧克力糖,因保管不善碰撞而成瘪听,经批准每听削价 23.40 元,增值税税率为 17%,其原售价为 35.10 元,成本为 26 元,估计销售费用为 0.60 元,计提其跌价准备。

(8) 25 日,根据市场状况,百货柜决定将羽毛扇的售价从 35 元调整到 30 元;食品柜决定将青岛啤酒的售价从 3 元调整到 3.20 元。羽毛扇的盘存数量为 100 把,青岛啤酒的盘存数量为 500 听。

(9) 25 日,百货柜送来"商品盘点短缺报告单",短缺商品 100 元。上月该柜组差价率为 25.10%,短缺原因待查。

(10) 25 日,食品柜送来"商品盘点溢余报告单",溢余商品 50 元。上月该柜组差价率为 25.40%,溢余原因待查。

(11) 25 日,百货柜销货收入为 8 960 元,食品柜销货收入为 8 720 元。货款结算中信用卡为 6 000 元,其余为现金。信用卡的结算手续费率为 9‰,该饭店为信用卡特约结算单位,现金及信用卡结算凭证均已送存银行。

(12) 30 日,今查明本月 25 日百货柜盘缺商品和食品柜盘溢商品均系收发商品中的差错,经批准分别作为企业损失和收益处理。

3. 4 月份又发生下列经济业务:

(1) 2 日,销售削价的编结衫 10 件,收入现金 585 元。并结转已计提的存货跌价准备。

(2) 5 日,销售削价的巧克力糖 20 听,收入现金 468 元。并结转已计提的存货跌价准备。

二、要求

1. 根据"资料 2",编制会计分录。

2. 根据"资料 1"及"资料 2"编制的前 11 笔会计分录等有关资料,编制 3 月 25 日的"商品进销存日报表"。

3. 根据"资料 3",编制会计分录。

第九章　对外投资

判 断 题

一、是非题

1. 短期投资是指能够随时变现，并且持有时间不准备超过一年的投资。
　　　　　　　　　　　　　　　　　　　　　　　　　　（　　）

2. 交易性金融资产是指企业持有的以公允价值计量且其变动计入当期损益的金融资产。
　　　　　　　　　　　　　　　　　　　　　　　　　　（　　）

3. 持有至到期投资是指到期日固定，且企业有明确意图和能力持有至到期的非衍生金融资产。
　　　　　　　　　　　　　　　　　　　　　　　　　　（　　）

4. 交易性金融资产出售收入高于其成本的差额，应贷记"投资收益"账户。
　　　　　　　　　　　　　　　　　　　　　　　　　　（　　）

5. 企业溢价购进债券，是因为债券的票面利率小于市场利率。　（　　）

6. 债券折价款是被投资单位为了补偿投资企业以后各期少收的利息而预先少付的款项。
　　　　　　　　　　　　　　　　　　　　　　　　　　（　　）

7. 实际利率法是指根据债券期初账面价值乘以实际利率确定的各期利息收入，然后将其与按票面利率计算的应计利息收入相比较，将其差额作为各期利息调整额的方法。
　　　　　　　　　　　　　　　　　　　　　　　　　　（　　）

8. 非同一控制下的企业合并，若合并成本小于取得被购买方可辨认净资产的公允价值，其差额应列入"资本公积"账户。
　　　　　　　　　　　　　　　　　　　　　　　　　　（　　）

9. 控制是指有权决定一个企业的经营决策，并能据以从该企业的经营活动中获取利益。
　　　　　　　　　　　　　　　　　　　　　　　　　　（　　）

10. 投资企业对被投资单位具有共同控制或重大影响的长期股权投资，应采用权益法核算。
　　　　　　　　　　　　　　　　　　　　　　　　　　（　　）

11. 重大影响是指对一个企业的财务和经营政策有参与决策的权力，但并不能够控制或者与其他方一起共同控制这些政策的制定。
　　　　　　　　　　　　　　　　　　　　　　　　　　（　　）

12. 权益法是指长期股权投资最初以投资成本入账，以后根据投资企业享有被投资单位所有者权益份额的变动对投资的账面价值进行调整的方法。（　　）

13. 企业长期股权投资采用权益法核算，收到被投资单位发放的现金股利时，

其"长期股权投资"账户的数额应保持不变。　　　　　　　　　　（　　）

14. 采用公允价值模式计量的房地产,期末对投资的建筑物应计提折旧。

（　　）

二、单项选择题

1. 交易性金融资产在持有期间收到被投资单位宣告发放的现金股利时,应贷记_____账户。

A."交易性金融资产——成本"　　　B."投资收益"

C."应收股利"　　　　　　　　　　D."公允价值变动损益"

2. 持有至到期投资重分类为可供出售金融资产时,其账面价值与公允价值之间的差额列入_____账户。

A."公允价值变动损益"

B."可供出售的金融资产——公允价值变动"

C."投资收益"

D."资本公积"

3. 企业为进行长期股权投资,于6月份购进股票,采用成本法核算,次年被投资单位宣告分派现金股利时,应_____。

A. 作为投资收益

B. 作为投资成本的收回

C. 作为投资损益的调整

D. 部分作为投资收益、部分作为投资成本的收回

4. 企业为进行长期股权投资,于年初购进股票,采用权益法核算,次年初被投资单位宣告分派现金股利时,应_____。

A. 作为投资收益

B. 作为投资成本的收回

C. 作为投资损益的调整

D. 部分作为投资收益、部分作为投资成本的收回

5. _____期末的公允价值与账面余额不同时,其差额列入"资本公积"账户。

A. 持有至到期投资　　　　　　　B. 可供出售金融资产

C. 长期股权投资　　　　　　　　D. 投资性房地产

6. 已确认减值损失的_____,在随后的会计期间,其公允价值上升的,应在原已计提的减值准备金额内予以转回。

A. 交易性金融资产　　　　　　　B. 持有至到期投资

C. 投资性房地产　　　　　　　　D. 长期股权投资

三、多项选择题

1. 长期投资按照投资的目的不同,可分为持有至到期投资、_____。

A. 可供出售的金融资产　　　　　　B. 投资性房地产

C. 交易性金融资产　　　　　　　　D. 长期股权投资

2. 短期投资具有投资收回快、_____的特点。

A. 风险小　　　　B. 变现能力强　　　C. 机动灵活　　　D. 投资收益大

3. 长期投资的目的是_____。

A. 为扩展生产经营规模筹集资金

B. 获得高额利润

C. 为大规模更新生产经营设施筹集资金

D. 影响与控制被投资单位的经营业务

4. 企业采用权益法核算时,当被投资单位_____时,应增加长期股权投资。

A. 实现了净利润　　　　　　　　　B. 资本溢价

C. 宣告分派现金股利　　　　　　　D. 收到现金股利

5. _____期末发生减值时,应当计提资产减值准备。

A. 持有至到期投资　　　　　　　　B. 可供出售金融资产

C. 长期股权投资　　　　　　　　　D. 投资性房地产

6. _____期末的公允价值与账面余额不同时,其差额列入"公允价值变动损益"账户。

A. 持有至到期投资　　　　　　　　B. 可供出售金融资产

C. 交易性金融资产　　　　　　　　D. 投资性房地产

练　习　题

练习题一　练习交易性金融资产的核算

一、资料　天宇宾馆发生下列有关的经济业务:

1. 3月1日,购进光明公司股票 10 000 股,每股 7.50 元,另以交易金额的 3‰支付佣金,1‰交纳印花税,款项一并签发转账支票支付。该股票为交易目的而持有。

2. 3月5日,购进新光公司股票 15 000 股,每股 6 元,另以交易金额的 3‰支付佣金,1‰交纳印花税,款项一并签发转账支票支付。新光公司已于 3 月 1 日宣告将于 3 月 11 日分派现金股利,每股 0.12 元。该股票为交易目的而持有。

3. 3月11日,收到本宾馆持有 3 月 5 日购进的新光公司 15 000 股股票的现金股利 1 800 元,存入银行。

4. 3 月 18 日,收到本宾馆持有 3 月 1 日购进的光明公司股票10 000股的现金股利 1 500 元,存入银行。

5. 3 月 30 日,以 1 080 元购进浦江公司去年发行的债券 100 张,每张面值 1 000 元,另以交易金额的 1‰支付佣金,款项一并签发转账支票支付。该债券年利率为 8%,每年 3 月 30 日支付利息。该债券为交易目的而持有。

6. 3 月 31 日,收到浦江公司付来债券利息 8 000 元,存入银行。

7. 3 月 31 日,光明公司股票每股公允价值为 7.45 元,新光公司股票每股公允价值为 6.10 元,浦江公司 1 000 元面值债券的公允价值为 1 000.10 元,予以转账。

8. 3 月 31 日,将公允价值变动损益结转"本年利润"账户。

9. 4 月 15 日,出售持有的光明公司股票10 000股,每股 7.60 元,另按交易金额的 3‰支付佣金,1‰交纳印花税,收到出售净收入,存入银行。

10. 4 月 30 日,出售持有的浦江公司债券 100 张,每张面值 1 000元,现按 1 005 元成交,另按交易金额的 1‰支付佣金。收到出售净收入,存入银行。

二、要求 编制会计分录。

练习题二 练习持有至到期投资的核算

一、资料

1. 金陵饭店发生下列有关的经济业务:

(1) 3 月 31 日,购进沪光公司新发行的 2 年期债券 84 张,每张面值 1 000 元,按面值购进,并按交易金额的 1‰支付佣金,当即签发转账支票支付全部款项。该债券票面年利率为 8%,到期一次还本付息。该债券准备持有至到期。

(2) 3 月 31 日,购进万春公司新发行的 4 年期债券 120 张,每张面值 1 000 元,购进价格为 1 033.09 元,并按交易金额的 1‰支付佣金,当即签发转账支票支付全部款项。该债券的票面年利率为 9%,而实际年利率为 8%,每年 3 月 31 日支付利息。该债券准备持有至到期。

(3) 3 月 31 日,购进黄河公司新发行的 2 年期债券 90 张,每张面值 1 000 元,购进价格为 982.13 元,并按交易金额的 1‰支付佣金,当即签发转账支票支付全部款项。该债券的票面年利率为 7%,而实际年利率为 8%,每年 3 月 31 日支付利息。该债券准备持有至到期。

(4) 4 月 30 日,分别预计购进的三种债券本月份的应收利息入账。

(5) 5 月 30 日,今决定将持有的沪光公司债券,重分类为可供出售金融资产,该 1 000 元面值债券的公允价值为 1 013 元,予以转账。

2. 次年接着又发生下列有关的经济业务:

（1）3月31日，收到万春公司付来去年发行的债券利息，存入银行。

（2）3月31日，收到黄河公司付来去年发行的债券利息，存入银行。

（3）4月25日，出售黄河公司发行的2年期债券90张，每张面值1 000元，现按996元出售，另按交易金额的1‰支付佣金，收到出售净收入，存入银行。

（4）4月30日，万春公司因发生财务困难，现1 000元面值的债券市价仅1 012元，计提其减值准备。

（5）5月15日，出售万春公司发行的4年期债券120张，每张面值为1 000元，出售价格为1 011.90元，另按交易金额的1‰支付佣金，收到出售净收入，存入银行。

二、要求

1. 编制会计分录（用直线法摊销利息调整额）。

2. 用实际利率法计算利息，调整各年的摊销额。

练习题三 练习可供出售金融资产的核算

一、资料 扬州宾馆发生下列有关的经济业务：

1. 4月5日，购进天河公司股票25 000股，每股6元，另以交易金融的3‰支付佣金，1‰交纳印花税，款项一并签发转账支票付讫，该股票准备日后出售。

2. 4月10日，购进泰山公司股票20 000股，每股8元，另以交易金额的3‰支付佣金，1‰交纳印花税，款项一并签发转账支票支付，泰山公司已于4月5日宣告将于4月20日发放现金股利，每股0.26元。该股票准备日后出售。

3. 4月20日，收到泰山公司发放的现金股利，每股0.26元，计5 200元，存入银行。

4. 4月25日，收到天河公司发放的现金股利，每股0.12元，计3 000元，存入银行。

5. 4月30日，购进忆阳公司按面值发放的3年期债券150 000元，另以交易金额的1‰支付佣金，款项一并签发转账支票支付，该债券年利率为8%，每年4月30日付息，该债券准备日后出售。

6. 4月30日，天河公司股票每股公允价值6.20元，泰山公司股票每股公允价值7.90元，调整其账面价值。

7. 5月25日，出售天河公司股票25 000股，每股6.50元，另按交易金额的3‰支付佣金，1‰交纳印花税，收到出售净收入，存入银行。

8. 5月31日，泰山公司因经营失误而发生严重财务困难，其股票的公允价值大幅下降，每股为7.25元，计提其减值损失。

9. 6月4日，出售泰山公司股票20 000股，每股7.35元，另按交易金额的3‰

支付佣金,1‰交纳印花税,收到出售净收入,存入银行。

二、要求　编制会计分录。

练习题四　练习长期股权投资初始成本的核算

一、资料　杭州饭店集团公司内的西湖宾馆"资本公积——资本溢价"账户余额为 60 000 元,"盈余公积"账户余额为 150 000 元,现发生下列有关的经济业务:

1. 1 月 5 日,今合并本集团内的武陵宾馆,取得该宾馆 60%的股权,武陵宾馆所有者权益账面价值为 3 500 000 元,西湖宾馆支付合并对价资产的账面价值为 2 240 000 元,其中:固定资产 1 200 000 元,已提折旧 200 000 元,其余 1 240 000 元签发转账支票付讫。

2. 3 月 25 日,今以 1 782 000 元的合并成本从宁波宾馆的股东中购入该宾馆 45%的股权,宁波宾馆可辨认净资产的公允价值为 3 600 000 元,而对价付出资产的账面价值为 1 700 000 元,其中:固定资产 1 000 000 元,已提折旧 120 000 元,其公允价值为 878 000 元,其余 820 000 元签发转账支票付讫。

3. 5 月 20 日,从证券市场购买山外山旅游公司股票 360 000 股,准备长期持有,该股票每股 5 元,占该公司股份的 5%,另按交易金额的 3‰支付佣金,1‰交纳印花税,款项一并签发转账支票支付,该公司已宣告将于 5 月 26 日发放现金股利,每股 0.11 元。

4. 6 月 25 日,以发行股票 1 200 000 股的方式取得华山旅游公司 10%的股权,股票每股面值 1 元,发行价为 5.50 元,另需支付相关税费 26 400 元,款项一并签发转账支票支付。

二、要求　编制会计分录。

练习题五　练习长期股权投资后续计量的核算

一、资料

1. 花城宾馆发生下列有关的经济业务:

(1) 9 月 30 日,购进珠江公司的股票 1 000 000 股,占该公司有表决权股份的 10%,并准备长期持有,该股票每股 5 元,另按交易金额的 3‰支付佣金,1‰交纳印花税,款项一并签发转账支票支付。

(2) 次年 3 月 12 日,珠江公司宣告将于 3 月 27 日发放上年度的现金股利,每股 0.16 元。查珠江公司去年实现净利润为 2 150 000 元。

(3) 次年 3 月 27 日,收到珠江公司发放的现金股利 160 000 元,存入银行。

(4) 次年 7 月 31 日,珠江公司发生严重财务困难,每股市价下跌为 4.50 元,计提其减值准备。

(5) 次年 8 月 20 日,出售珠江公司股票 20 000 股,每股 4.45 元,另按交易金额的 3‰支付佣金,1‰交纳印花税,收到出售净收入,存入银行。

2. 广州宾馆发生下列有关的经济业务:

(1) 1 月 2 日,从苏州宾馆的股东中购入该宾馆 45%的股权,取得了对苏州宾馆的共同控制权,而对价付出资产的账面价值为 3 550 000 元,其中:固定资产 1 500 000 元,已提折旧 100 000 元,其公允价值为 1 412 000 元,其余 2 150 000 元签发转账支票付讫。

(2) 1 月 3 日,苏州宾馆接受本宾馆投资后,可辨认净资产的公允价值为 8 000 000 元,按本宾馆享有 45%的份额,调整长期股权投资。

(3) 12 月 31 日,苏州宾馆利润表上的净利润为 720 000 元。

(4) 12 月 31 日,苏州宾馆资产负债表中因资本溢价因素增加了所有者权益 200 000 元,按持股比例确认应享有的份额入账。

(5) 次年 3 月 20 日,苏州宾馆宣告将于 3 月 30 日按净利润的 60%分配利润。

(6) 次年 3 月 30 日,收到苏州宾馆分配来的利润,存入银行。

(7) 次年 9 月 30 日,以 480 000 元出售本宾馆持有苏州宾馆 5%的股权,扣除交易费用 2 500 元后,收到出售股权的净收入 477 500 元,存入银行。

二、要求 编制会计分录。

练习题六 练习投资性房地产的核算

一、资料

1. 天津旅游公司对投资性房地产采用成本模式核算,现发生下列有关的经济业务:

(1) 4 月 10 日,购入房屋 1 幢,买价 1 200 000 元,发生契税 18 000 元,印花税 360 元,各种进户费 3 240 元,款项一并签发转账支票付讫,该房屋用于出租。

(2) 4 月 18 日,购入土地使用权,买价 1 600 000 元,支付相关税费 38 000 元,款项一并签发转账支票付讫,该土地使用权用于出租。

(3) 5 月 2 日,出租上月购入的房屋和土地使用权,月租金分别为 3 300 元和 2 500 元,当即收到 1 个月租金,存入银行。

(4) 5 月 31 日,本月份出租房屋和土地使用权的使用寿命分别为 40 年和 70 年,对其分别计提折旧和进行摊销。

(5) 次年 12 月 1 日,出售上一年购入的土地使用权,收入 1 700 000 元存入银行。

(6) 次年 12 月 31 日,出租用房屋发生减值,其可收回金额为 1 159 800 元,计提其减值准备。

2. 武汉宾馆对投资性房地产采用公允价值模式核算,现发生下列有关的经济业务:

(1) 3 月 1 日,自行建造的用于出租的办公楼已竣工,达到预定可使用状态,其在"在建工程"账户归集的建造成本为 5 000 000 元,予以转账。

(2) 3 月 2 日,收到该办公楼本月份租金 24 000 元,存入银行。

(3) 3 月 31 日,该出租办公楼的公允价值为 5 050 000 元,予以转账。

(4) 3 月 31 日,将公允价值变动损益结转"本年利润"账户。

(5) 4 月 5 日,收到办公楼本月份租金 24 000 元,存入银行。

(6) 4 月 30 日,该出租办公楼的公允价值为 5 045 000 元。予以转账。

(7) 4 月 30 日,将公允价值变动损益结转"本年利润"账户。

(8) 5 月 5 日,收到办公楼本月份的租金 24 000 元,存入银行。

(9) 5 月 31 日,出售出租用办公楼,收入 5 048 000 元,存入银行。

二、要求 编制会计分录。

第十章 负 债

判 断 题

一、是非题

1. 负债是企业承担的现时义务,履行该义务必须通过交付资产来清偿。（   ）

2. 职工薪酬是指企业为获得职工提供服务而给予的各种形式的报酬以及相关支出。（   ）

3. 非流动负债具有负债数额大、风险大、偿还期限长的特点。（   ）

4. 专门借款费用在固定资产尚未达到预定可使用状态之前发生的,全部应予以资本化,计入固定资产的购建成本。（   ）

5. 为购建或者生产符合资本化条件的资产占用了一般借款的,这部分借款利息也应予以资本化。（   ）

6. 债券与长期借款相比较,它具有可以向企业、单位、社会团体和个人发行,并可以溢价或折价发行的特点。（   ）

7. 债券溢价发行,其溢价部分实质上是企业发行债券时预收投资者的一笔款项,以弥补以后多付给投资者的利息。（   ）

8. 企业折价发行债券,是由于市场实际利率小于票面利率的原因。（   ）

9. 采用实际利率法摊销"利息调整"明细账户借方余额时,实际利息将会随着表示负债数额的应付债券现值的逐期增加而增加,而利息调整额却随之逐期减少。（   ）

10. 最低租赁付款额是指在租赁期内,承租人应支付或可能被要求支付的款项。（   ）

11. 或有事项是指过去的交易或事项形成的,其结果须由某些未来事项的发生或不发生才能决定的不确定事项。（   ）

二、单项选择题

1. _____ 不能在"应付职工薪酬——职工福利"账户中列支。

A. 职工及供养直系亲属的医药费　　B. 食堂炊事用具的购置及修理费

C. 退休职工的生活困难补助　　　　D. 独生子女补助费

2. 企业溢价发行债券的原因是_____。

A. 票面利率大于市场实际利率　　B. 票面利率小于市场实际利率

C. 企业经营业绩和财务状况良好　D. 企业经营业绩良好,财务状况差

3. 企业确认预计负债的金额应当按照履行相关义务所需支出的_____计量。

A. 最可能发生的金额

B. 最佳估计数

C. 一个连续范围的中间值

D. 各种可能结果的相关概率计算确定数

三、多项选择题

1. 职工薪酬除了包括职工工资、奖金、津贴和补贴、职工福利费各种社会保险费外,还包括_____。

A. 非货币性福利

B. 因解除与职工劳动关系给予的补偿

C. 其他与获得提供服务相关的支出

D. 住房公积金

2. 借款费用同时满足下列_____条件时,应开始予以资本化。

A. 银行借款的手续费、债券的发行费用已经发生

B. 为使资产达到预定可使用或者可销售状态所必要的购建或者生产活动已经开始

C. 资产支出已经发生

D. 借款费用已经发生

3. 债券发行价格除了要考虑票面利率和市场实际利率外,还要考虑的因素有_____。

A. 到期偿还的债券面值以市场实际利率换算的现值

B. 到期偿还的债券面值以票面利率换算的现值

C. 债券按市场实际利率计算各期所支付利息的现值

D. 债券按票面利率计算各期所支付利息的现值

4. 或有事项有未决诉讼、_____等。

A. 债务担保　　　　　　　　　B. 产品质量保证

C. 因意外事故发生损失　　　　D. 未决仲裁

5. 或有事项相关义务同时符合_____条件时,才能将其确认为预计负债。

A. 该义务的金额能够可靠地计量

B. 该义务是企业承担的现时义务

C. 该义务是企业承担的潜在义务

D. 履行该义务很可能导致经济利益流出企业

练 习 题

练习题一　练习短期借款和应付职工薪酬的核算

一、资料　风华旅行社 9 月份发生下列有关的经济业务：

1. 2 日，因流动资金不足，经银行批准借入 6 个月期限的借款200 000元，转入银行存款户。

2. 10 日，签发转账支票 150 000 元，归还已到期的 3 个月期限的银行借款。

3. 15 日，根据工资结算汇总表(见图表习题 10-1)提取现金，备发职工薪酬。

图表习题 10-1

工 资 结

2011 年

部门人员	工　资	缺勤应扣工资		应发工资	奖　金	津贴和补贴	
		病假工资	事假工资			中夜班津贴	副食品补贴
业务经营人员工资	74 500.00	320.00	600.00	73 580.00	7 370.00	1 000.00	2 550.00
行政管理人员工资	14 600.00		150.00	14 450.00	1 150.00		200.00
长期病假人员工资	2 500.00	1 000.000		1 500.00			50.00
合　计	91 600.00	1 320.00	750.00	89 530.00	8 520.00	1 000.00	2 800.00

4. 15 日，根据工资结算汇总表发放本月份职工薪酬。

5. 25 日，分配本月份发放的各类人员薪酬。

6. 26 日，根据本月份工资总额的 14％、2％和 1.5％分别计提职工福利费、工会经费和职工教育经费。

7. 27 日，根据本月份工资总额的 12％计提医疗保险费。

8. 26 日，根据本月份工资总额的 3％、2％和 7％分别计提养老保险费、失业保险费和住房公积金。

9. 28日,将本月份应交纳的医疗保险费、养老保险费、失业保险费和住房公积金(含为职工代扣的部分)分别交纳给社会保险事业基金结算管理中心和公积金管理中心,并向税务部门交纳代扣的个人所得税。

10. 30日,职工报销家属医药费600元和学习科学文化学费800元,以及支付职工生活困难补助费550元,一并以现金支付。

二、要求　编制会计分录。

练习题二　练习长期借款的核算

一、资料　锦绣旅行社发生下列有关的经济业务:

1. 2009年3月31日,为建造营业厅向银行借入专门借款570 000元,转入银行存款户。借款合同规定借款期限为2年,年利率为8%,单利计息,到期一次还本付息。

2. 2009年4月1日,营业厅由上海建筑公司承建,签发转账支票支付第一期工程款350 000元。

算汇总表

9月15日

应发薪酬合计	代　扣　款　项						实发金额
	住房公积金	养老保险费	医疗保险费	失业保险费	个人所得税	合计	
84 500.00	5 915.00	6 760.00	1 690.00	845.00	27.00	15 237.00	69 263.00
15 800.00	1 106.00	1 264.00	316.00	158.00	38.00	2 882.00	12 918.00
1 550.00	108.50	124.00	31.00	15.50		279.00	1 271.00
101 850.00	7 129.50	8 148.00	2 037.00	1 018.50	65.00	18 398.00	83 452.00

3. 2009年4月30日,计提本月份专门借款利息。

4. 2010年3月31日,收到尚未动用专门借款资金220 000元存入银行的利息收入1 584元。

5. 2010年3月31日,签发转账支票支付第二期工程款260 000元。

6. 2010年4月30日,建造的营业厅工程竣工,签发转账支票支付上海建筑公司建造营业厅剩余工程款10 000元。

7. 2010年4月30日,计提本月份专门借款利息费用和建造营业厅占用一般借款的利息费用,一般借款的资本化率为 6.3%。

8. 2010 年 4 月 30 日,营业厅已达到预定可使用状态,验收使用,工程决算包括工程款、工程应负担的借款利息,扣除尚未动用借款资金存入银行取得的利息收入,现予以转账。

9. 2010 年 5 月 31 日,计提本月份专门借款利息。

10. 2011 年 3 月 31 日,签发转账支票归还建造营业厅的专门借款的本金及支付专用借款的利息。

二、要求 编制会计分录。

练习题三 练习应付债券的核算

一、资料

1. 飞马游乐场为新建游乐园,按面值630 000元发行债券,债券票面利率为8%,期限 2 年,到期还本付息。现发生下列有关的经济业务:

(1) 2009 年 4 月 25 日,签发转账支票支付债券发行费用 9 450 元。

(2) 2009 年 4 月 30 日,按面值发行的 630 000 元的债券发行完毕,收到债券发行款存入银行。

(3) 2009 年 4 月 30 日,签发转账支票支付建造游乐园第一期工程款360 000 元。

(4) 2009 年 5 月 31 日,按8%年利率预提本月份债券利息。

(5) 2010 年 4 月 30 日,取得存入银行的发行债券尚未动用的资金 270 000 元的利息收入 1 944 元。

(6) 2010 年 4 月 30 日,建造的游乐园竣工,签发转账支票支付建造游乐园剩余工程款 180 000 元。

(7) 2010 年 4 月 30 日,建造游乐园工程已达到预定可使用状态,并验收使用,建造游乐园的全部工程款连同债券发行费用和应负担的债券利息,扣除尚未动用发行债券资金存入银行取得的利息收入构成了工程的全部决算,予以转账。

(8) 2010 年 5 月 31 日,按8%年利率预提本月份债券利息。

(9) 2011 年 4 月 30 日,债券到期,签发转账支票偿还其本金并支付利息。

2. 海景宾馆为建造客房,发行面值 600 000 元债券,债券票面利率为9%,期限 3 年,每年付息一次,而市场实际利率为 8%,现发生下列有关经济业务:

(1) 2010 年 2 月 25 日,签发转账支票支付债券发行费用 9 000 元。

(2) 2010 年 2 月 28 日,面值 600 000 元债券发行完毕,收到溢价发行债券的全部款项,存入银行。

(3) 2010 年 3 月 31 日,签发转账支票支付建造客房第一期工程款450 000 元。

（4）2010 年 3 月 31 日,按 9‰年利率预提本月份债券利息,并摊销本月份利息调整额。

（5）2011 年 2 月 28 日,收到发行债券尚未动用的资金 150 000 元存入银行的利息收入 1 080 元。

（6）2011 年 2 月 28 日,签发转账支票支付投资者 1 年期债券利息。

（7）2011 年 2 月 28 日,建造客房竣工,签发转账支票支付建造客房剩余工程款 150 000 元。

（8）2011 年 2 月 28 日,建造的客房已达到预定可使用状态,并验收使用,工程决算包括工程款、债券发行费用和工程应负担的债券利息,扣除利息调整额和尚未动用发行债券资金存入银行取得的利息收入,这些构成了工程的全部决算,现予以转账。

3. 天马旅行社为补充流动资金不足,发行面值 240 000 元的债券。债券票面利率为 7‰,期限为 2 年,每年付息一次,而市场实际利率为 8‰,现发生下列有关的经济业务:

（1）2009 年 3 月 28 日,签发转账支票支付债券发行费用 3 600 元。

（2）2009 年 3 月 31 日,面值 240 000 元的债券发行完毕,收到折价发行债券的全部款项,存入银行。

（3）2009 年 4 月 30 日,按 7‰年利率预提本月份债券利息,并摊销本月份利息调整额。

（4）2010 年 3 月 31 日,签发转账支票支付投资者 1 年期债券利息。

（5）2011 年 3 月 31 日,签发转账支票偿还债券全部本金及支付最后 1 年期的债券利息。

二、要求

1. 分别根据"资料 2"、"资料 3",计算债券的发行价格。

2. 编制会计分录(利息调整额用直线法摊销)。

3. 用实际利率法计算利息调整额各年的摊销额。

练习题四　练习长期应付款的核算

一、资料　长城旅行社发生下列有关的经济业务:

1. 1 月 2 日,签发转账支票支付融资租赁大客车发生的手续费、印花税、律师费等初始直接费用 1 000 元。

2. 1 月 2 日,以融资方式租入大客车 1 辆,租赁期为 3 年,租金为 180 000 元,其公允价值为 158 000 元,租赁合同规定折现率为 8‰,租金于每年年末支付 60 000 元。租赁期届满时,再支付 2 000 元购买价,即取得大客车的所有权,届时该大客车的公允价值为 18 000 元。大客车已达到预定可使用状态,验收使用。

3. 1 月 31 日,摊销本月份未确认的融资费用。

4. 12 月 31 日,签发转账支票,支付本年度大客车租金。

5. 3 年后,12 月 31 日,租赁期满,按合同规定签发转账支票 2 000 元支付大客车的购买价,取得了大客车的所有权,予以转账。

二、要求 编制会计分录。

练习题五 练习预计负债的核算

一、资料 新光旅行社 2011 年发生下列有关的经济业务:

1. 1 月 3 日,本旅行社因合同违约而涉及一项诉讼案,根据法律顾问的判断,最终的判决很可能对本旅行社不利。至今尚未收到法院的判决书,据专业人士估计,赔偿金额可能在 80 000～90 000 元之间。

2. 1 月 10 日,本旅行社因与南方公司签订了互相担保协议而成为相关诉讼的第二被告,至今尚未判决。但由于南方公司经营困难,本旅行社很可能要承担还款连带责任。据预计,本旅行社胜诉的可能性为 40%,败诉的可能性为 60%,届时败诉的话将承担还款金额120 000 元。

3. 3 月 18 日,经法院判决,本旅行社因合同违约诉讼案,应赔偿原告 92 000 元,款项于判决生效后 10 日内支付,并承担诉讼费 9 200 元,诉讼费当即签发转账支票支付。

4. 3 月 28 日,签发转账支票 92 000 元,支付违约诉讼案的赔偿款。

5. 3 月 31 日,经法院判决,本旅行社因担保协议诉讼案应承担南方公司的还款连带责任,还款金额为 120 000 元,款项于判决生效后 10 日内支付。

二、要求 编制会计分录。

第十一章 所有者权益

判 断 题

一、是非题

1. 所有者权益是投资者对企业的一项无期限的投资,而债权人权益仅是债权人对企业的一项有期限的投资。 （　）

2. 所有者权益投资者的投资收益与企业经营的好坏密切相关,而债权人的投资收益与企业经营好坏无关。 （　）

3. 留存收益是指企业从实现的净利润中提取或形成的留存于企业的内部积累。 （　）

4. 注册资本可以一次或分次缴纳,有限责任公司和股份有限公司的全体股东的首次出资额不得低于注册资本的20%。 （　）

5. 优先股比普通股有一定的优先权,因此获得的股利丰厚,投资风险也小。 （　）

6. 股份支付是指企业为获得职工提供服务而授予权益工具或者承担以权益工具为基础确定的负债的交易。 （　）

7. 股份支付的市场条件是指行权价格、可行权条件以及行权可能性与权益工具的市场价格相关的业绩条件。 （　）

8. 资本公积和盈余公积与企业的净利润均有一定的关系。 （　）

二、单项选择题

1. _____是指投资者按照企业章程或合同、协议的约定实际投入企业的资本。

   A. 投入资本　　　B. 实收资本　　　C. 资本公积　　　D. 注册资本

2. 股份有限公司溢价发行股票时,其超过面值的溢价金额应列入_____账户。

   A. "股本——股本溢价"　　　　　　B. "投资收益"

   C. "营业外收入"　　　　　　　　　D. "资本公积"

3. 股份支付在授予后,公司在等待期内每个会计期末,应将取得职工提供的服务计入成本、费用,计入成本、费用的金额应当按照_____的公允价值计量。

   A. 衍生工具　　　B. 金融工具　　　C. 权益工具　　　D. 金融资产

4. 企业提取的法定盈余公积如已超过注册资本的_____时,可以不再提取。

    A. 25%   B. 50%   C. 75%   D. 100%

5. 企业以法定盈余公积转增资本时,按规定保留的余额不应少于注册资本的_____。

    A. 10%   B. 15%   C. 25%   D. 50%

三、多项选择题

1. 所有者权益包括实收资本、_____。

    A. 资本公积   B. 盈余公积   C. 应付股利   D. 未分配利润

2. 库存股主要用于_____。

    A. 以股份支付奖励职工   B. 增加注册资本

    C. 减少注册资本   D. 减少实收资本

3. 行权日是指_____行使权力,获取现金或权益工具的日期。

    A. 股东   B. 职工   C. 其他方   D. 债权人

4. 盈余公积可以用于_____。

    A. 弥补亏损   B. 转增企业资本

    C. 发放现金股利或利润   D. 发放职工奖金

5. _____可以转作资本。

    A. 资本公积   B. 法定盈余公积   C. 任意盈余公积   D. 未分配利润

练 习 题

练习题一 练习投资者投入资本的核算

一、资料

1. 2010 年 1 月,华欣宾馆设立时发生有关的经济业务如下:

(1) 1 日,收到京华公司投入房屋 1 幢,按投资公司约定的 850 000 元入账,房屋已达到预定可使用状态,并验收使用。

(2) 2 日,收到京华公司投入流动资产 120 000 元,存入银行。

(3) 5 日,收到国外投资者安凯公司汇入 180 000 美元,存入银行。当日美元的中间价为 USD1＝¥6.34。

(4) 10 日,收到京华公司对本宾馆投入的大客车 1 辆,按投资合同约定的 180 000 元入账,大客车已验收使用。

2. 2011 年 4 月,华欣宾馆决定扩大经营规模,经批准将注册资本扩充到

4 000 000 元。4 月份发生下列有关的经济业务：

（1）5 日，收到京华公司投入房屋 1 幢，按投资合同约定的 990 000 元入账，投入资金占企业注册资本的 22.5%。

（2）8 日，收到广源饭店投入的非专利技术 1 项，投资各方确认以 165 000 元入账，投入资金占注册资本的 3.75%。

（3）10 日，收到广源饭店投入流动资金 495 000 元，投入的资金占企业注册资本的 11.25%。

二、要求　编制会计分录。

练习题二　练习库存股的核算

一、资料

1. 湖滨旅游股份有限公司 2010 年年初决定，根据股份支付协议收购本公司 40 000 股普通股股票用于奖励本公司职工。年末，若能使净利润比上年增长 15% 以上的，行政管理人员奖励 15 000 股，经营人员奖励 25 000 股。授予日，本公司普通股每股公允价值为 6 元，现发生下列有关的经济业务：

（1）2010 年 1 月 31 日，根据本月份的经营情况，预计能够达到增收奖励的目标，将本月份职工提供服务应奖励的金额计入费用。

（2）2010 年 2 月 25 日，购进本公司普通股 40 000 股，每股 5.90 元，另以交易金额的 3‰支付佣金，1‰交纳印花税，款项一并签发转账支票支付。

（3）2011 年 1 月 25 日，2010 年公司达到增收奖励的目标，予以行权，将 40 000 股普通股奖励给职工，按授予日普通股公允价值确认的金额转账（2010 年 2～12 月均按该年 1 月份的标准将职工提供服务应奖励的金额入账）。

2. 天利饭店股份有限公司"资本公积——股本溢价"账户余额为 869 800 元，"盈余公积"账户余额为 721 000 元，现发生下列有关的经济业务：

（1）3 月 15 日，购进本公司普通股股票 150 000 股，每股 5.50 元，另按交易金额的 3‰支付佣金，1‰交纳印花税，款项一并签发转账支票付讫。

（2）5 月 20 日，购进本公司普通股股票 100 000 股，每股 5.55 元，另按交易金额的 3‰支付佣金，1‰交纳印花税，款项一并签发转账支票付讫。

（3）5 月 22 日，今决定将收购本公司的 250 000 股普通股股票全部予以注销，以减少注册资本，该股票每股面值 1 元，予以转账。

二、要求　编制会计分录。

练习题三　练习资本公积和盈余公积的核算

一、资料　东湖宾馆 12 月份发生下列有关的经济业务如下：

1. 1日,本宾馆原有注册资本4 000 000元,留存收益320 000元,经批准将注册资本增至5 000 000元,今收到兴业旅行社出资的支票438 000元,存入银行。其投入资金占本宾馆注册资本的7.30%。

2. 2日,本宾馆收到外商大西洋公司汇入120 000美元,当日美元的中间价为USD1=￥6.35。投入的资金占本宾馆注册资本的12.70%。

3. 31日,本宾馆持有静安公司40%的股权,采用权益法核算,年末,静安公司除净损益外,所有者权益增加了30 000元,持股比例未变,予以转账。

4. 31日,本宾馆持有的以可供出售金融资产入账的黄海公司股票10 000股,其账面价值成本为75 300元,公允价值变动为借方余额2 000元,今日该股票每股公允价值为8.05元,予以转账。

5. 31日,本宾馆持有的华泰公司按面值发行的3年期债券100 000元,年利率为8%,到期一次还本付息,已按持有至到期投资入账。现决定将其重分类为可供出售金融资产,该债券账面价值:成本为100 100元,应计利息为8 000元,现公允价值为108 800元,予以转账。

6. 31日,经批准将资本公积100 000元、法定盈余公积150 000元转增资本。

二、要求 编制会计分录。

第十二章 期间费用和税金

判　断　题

一、是非题

1. 销售费用是指企业在销售商品和材料,提供劳务的过程中发生的各种费用。　　　　　　　　　　　　　　　　　　　　　　　　　　　（　　）

2. 管理费用中的公司经费是指企业行政管理部门行政人员的工作餐费、办公费、差旅费、会议费、物料消耗以及其他行政经费。　　　　　　　　（　　）

3. 转账摊销是指不通过货币结算而采用转账方式摊销应由本月份负担的费用,如固定资产折旧、无形资产摊销和保险费摊销等。　　　　　　　（　　）

4. 流转税主要包括营业税、增值税、城市维护建税和印花税。　（　　）

5. 营业税是指在我国境内销售应税劳务和出租无形资产的单位和个人,按其取得的营业额计算征收的税款。　　　　　　　　　　　　　　　　（　　）

6. 旅游饮食服务业商品经营业务和修理修配业务要交纳增值税。（　　）

二、单项选择题

1. 支付全年的财产保险费属于_____支付方式。

A. 直接支付　　　B. 转账摊销　　　C. 预付待摊　　　D. 预提待付

2. 提取本月份短期借款利息属于_____支付方式。

A. 直接支付　　　B. 转账摊销　　　C. 预付待摊　　　D. 预提待付

3. 属于价外税的是_____。

A. 营业税　　　B. 增值税　　　C. 城市维护建设税　D. 印花税

三、多项选择题

1. 财务费用由利息支出、_____等组成。

A. 筹资费用　　　B. 汇兑损失　　　C. 手续费　　　D. 其他财务费用

2. 费用按支付方式不同,可分为_____。

A. 直接支付　　　B. 转账摊销　　　C. 预付待摊　　　D. 预提待付

3. _____是属于转账摊销的支付方式。

A. 固定资产折旧　　　　　　B. 低值易耗品摊销

C. 待摊费用摊销　　　　　　D. 无形资产摊销

练　习　题

练习题一　练习划分费用范围及其分类

期间费用科目及其子目划分表如图表习题 12-1 所示。

一、资料　佳美宾馆 1 月份发生下列各项经济业务(见图表习题 12-1)：

图表习题 12-1

期间费用科目及其子目划分表

经　济　业　务	属于费用范围	不属于费用范围
	应列入哪个科目、子目核算	应列入哪个科目核算
1. 分配经营人员工资		
2. 支付接待外宾费用		
3. 分配行政管理人员工资		
4. 支付聘请中介机构进行查账验资的费用		
5. 支付经营部门本月份水电费		
6. 支付自有卡车过渡费		
7. 采购人员预支差旅费		
8. 宾馆餐饮部门耗用煤 2 吨		
9. 支付经营部门电话费		
10. 财会部门耗用文具用品		
11. 支付交际应酬费		
12. 餐厅领用碗、盘等餐具		
13. 支付排污费用		
14. 经理报销差旅费		
15. 支付本年度财产保险费		
16. 支付管理部门保险箱修理费		
17. 管理部门用低值易耗品摊销		
18. 企业被罚滞纳金		
19. 支付经营部门职工节日加班费		
20. 计提的存货跌价准备		
21. 支付行政管理部门租赁固定资产的费用		
22. 职工家属报销医药费		
23. 计提的经营部门固定资产折旧费		
24. 支付卡车使用税		
25. 支付经营账册印花税		
26. 支付银行办理结算的手续费		

二、要求　分析上述经济业务,指出哪些属于费用范围,哪些不属于费用范围,并填明应属于的会计科目和明细科目。

练习题二　练习期间费用的核算

一、资料

1. 广州饭店 1 月份发生下列经济业务:

(1) 2 日,签发转账支票支付本年度财产保险费 45 000 元。

(2) 4 日,签发转账支票支付会计师事务所查账验资费用 2 580 元。

(3) 6 日,以现金支付经营部门电话费 940 元。

(4) 10 日,签发转账支票 8 100 元,支付为职工制作工作服装款。

(5) 12 日,签发转账支票支付本月份房屋租赁费 8 800 元,其中:经营部门 6 300 元,管理部门 2 500 元。

(6) 15 日,签发现金支票 87 012 元,提取现金备发职工薪酬。

(7) 15 日,本月份应发职工薪酬合计为 106 200 元,其中:经营人员 90 200 元,管理人员 16 000 元,代扣款项为 19 188 元。代扣款项中:住房公积金 7 434 元,养老保险费 8 496 元,医疗保险费 2 124 元,失业保险费 1 062 元,个人所得税 72 元,实发金额为 87 012 元。发放本月份职工薪酬。

(8) 16 日,报废经营部门使用的助动车 1 辆,其账面原值为 1 500 元,已摊销了 50%,残料出售,收入现金 150 元。

(9) 18 日,提取本月份固定资产折旧费 7 520 元,其中:经营部门 6 320 元,管理部门 1 200 元。

(10) 20 日,购入新写字台 1 只,金额 1 500 元,签发转账支票支付,管理部门当即领用,按五五摊销法摊销。

(11) 21 日,业务员汪明去芦山联系业务,预支差旅费 1 500 元。

(12) 22 日,业务员报销交际应酬费 960 元,以现金支付。

(13) 23 日,财会部门购文具用品 220 元,以现金支付。

(14) 24 日,业务员汪明从外地出差回来,报销差旅费 1 460 元,退回多余现金 40 元。

(5) 24 日,银行转来特约委托收款的付款通知,支付本月份电费 2 500 元,其中:经营部门 2 100 元,管理部门 400 元。

(16) 24 日,摊销应由本月份负担的财产保险费,其中:经营部门负担 80%,管理部门负担 20%。

(17) 25 日,分配本月份发放的各类人员职工薪酬。

(18) 26 日,按本月份工资总额的 14%、2% 和 1.5% 分别计提职工福利费、工会经费和职工教育经费。

(19) 27 日，按本月份工资总额的 12% 计提医疗保险费。

(20) 27 日，按本月份工资总额的 3%、2% 和 7% 分别计提养老保险费、失业保险费和住房公积金。

(21) 28 日，将本月份应交的医疗保险费、养老保险费、失业保险费和住房公积金(含为职工代扣的部分)分别交纳给社会保障事业基金结算管理中心和公积金管理中心。

(22) 29 日，本月份经营部门领用饭碗、盘子、调羹等用具一批，计金额 960 元；管理部门领用报告纸、复印纸、圆珠笔等办公用品一批，计金额 320 元，予以转账。

(23) 30 日，摊销本月份负担的专利权费用 1 080 元。

(24) 31 日，本月份短期借款平均余额为 210 000 元，月利率为 6‰，计提本月份应负担的利息。

2. 该饭店 3 月份接着发生下列有关的经济业务：

(1) 31 日，银行开来短期借款计息单，系支付本季度短期借款利息 3 780 元。前 2 个月已预提短期借款利息 2 460 元。

(2) 31 日，银行开来银行存款计息单，收到本季度银行存款利息 504 元，前 2 个月已预计银行存款利息 318 元。

二、要求

1. 根据"资料 1"、"资料 2"，编制会计分录。

2. 根据"资料 1"编制的会计分录，登记"销售费用"明细分类账。

练习题三 练习税金和教育费附加的核算

一、资料 大陆饭店 3 月份主营业务收入为 360 000 元，其中商品销售收入为 80 000 元。"应交税费——应交增值税"账户的三级明细账户余额分别为：销项税额 35 700 元，进项税额转出 85 元，进项税额 27 200 元，转出未交增值税 5 015 元。

1. 31 日，按 5% 税率计提应交营业税。

2. 31 日，将本月份应交未交的增值税额入账。

3. 31 日，按 7% 税率计提城市维护建设税。

4. 31 日，按 3% 的教育费附加率计提教育费附加。

5. 31 日，将本月份营业税金及附加结转"本年利润"账户。

6. 4 月 5 日，以银行存款交纳上月份的营业税、增值税和城市维护建设税及第一季度的教育费附加(1 月份、2 月份已预提 810 元)。

二、要求 编制会计分录。

第十三章 利润和利润分配

判 断 题

一、是非题

1. 利润总额由营业利润、投资收益和营业外收支净额构成。 （　）

2. 公允价值变动收益是指企业按照规定应当计入当期损益的交易性金融资产以及其他相关资产的公允价值变动净收益。 （　）

3. 非流动资产处置损失、债务重组损失、公益性捐赠支出、非常损失、财产损失和罚款支出等均属于营业外支出。 （　）

4. 账目核对是指将企业各种有关账簿记录进行核对，通过核对做到账实相符。 （　）

5. 账项调整是指将属于本期已经发生而尚未入账的经济业务，包括本期应得的收入和应负担的支出，按照权责发生制的要求调整入账。 （　）

6. 资产的账面价值大于其计税基础，或者负债的账面价值小于其计税基础时，产生可抵扣暂时性差异。 （　）

7. 可抵扣暂时性差异是指在确定未来收回资产期间的应纳税所得额时，将导致产生可抵扣金额的暂时性差异。 （　）

8. 对于存在应纳税暂时性差异的所得额，应当按照规定确认递延所得税负债。 （　）

9. 企业年终决算后，"利润分配——未分配利润"账户的余额，倘若在借方，表示未分配利润，倘若在贷方，则表示未弥补亏损。 （　）

二、单项选择题

1. _____属于应纳税暂时性差异。

A. 公益性捐赠　　　　　　　B. 自行开发的无形资产
C. 计提坏账准备　　　　　　D. 税收的滞纳金

2. _____属于可抵扣暂时性差异。

A. 国债利息收入　　　　　　B. 自行开发的无形资产
C. 预计负债　　　　　　　　D. 赞助支出

三、多项选择题

1. 营业利润由营业收入、营业成本、营业税金及附加、期间费用、_____组成。

A. 资产减值损失　　　　　　　B. 公允价值变动收益

C. 营业外收支净额　　　　　　D. 投资收益

2. 永久性差异有_____等内容。

A. 对外投资分回利润　　　　　B. 国债利息收入

C. 职工薪酬超过计税薪酬　　　D. 计提的减值准备

3. _____产生应纳税暂时性差异。

A. 资产的账面价值小于其计税基础

B. 负债的账面价值小于其计税基础

C. 资产的账面价值大于其计税基础

D. 负债的账面价值大于其计税基础

练 习 题

练习题一　练习利润总额的核算

一、资料

1. 博闻旅行社 1 月 31 日损益类账户余额(单位:元)如下:

贷方余额账户		借方余额账户	
主营业务收入	540 000.00	主营业务成本	425 600.00
其他业务收入	15 000.00	其他业务成本	8 100.00
公允价值变动损益	1 020.00	销售费用	29 600.00
投资收益	3 000.00	管理费用	28 800.00
营业外收入	2 400.00	财务费用	454.00
		资产减值损失	1 820.00
		营业外支出	1 126.00

2. 该旅行社 1 月 31 日发生下列经济业务:

(1) 预提本月份短期借款利息 1 860 元。

(2) 摊销应由本月份负担的广告费 1 600 元。

(3) 分别按本月份主营业务收入和其他业务收入的 5‰ 计提营业税额。

(4) 按已提营业税额的 7% 计提城市维护建设税,3% 计提教育费附加。

(5) 将损益类贷方余额的账户结转"本年利润"账户。

(6) 将损益类借方余额的账户结转"本年利润"账户。

二、要求

1. 编制会计分录。

2. 登记"本年利润"账户。

练习题二　练习所得税的核算

一、资料　武宁宾馆有关资料如下：

1. 第1年利润总额为 500 000 元，所得税税率为 25％，该宾馆发生业务招待费 6 000 元，取得国债利息收入10 800 元，影响计税基础的有关账户余额为：坏账准备 2 800 元，固定资产减值准备 3 200 元，预计负债 72 000 元。"无形资产"账户余额 100 000 元，为刚确认的自行开发的专利权，尚未摊销。

2. 第2年利润总额为 550 000 元，所得税税率为 25％，该宾馆发生的业务招待费 17 500 元，取得国债利息收入 12 000 元，影响计税基础的有关账户余额为：坏账准备 3 600 元，固定资产减值准备 4 000 元，"无形资产"账户中有自行开发的无形资产 100 000 元，已摊销 10 000 元。

二、要求　确认所得税费用，并编制相应的会计分录。

练习题三　练习利润的核算

一、资料

1. 四时春饭店 11 月 30 日各有关账户的余额（单位：元）如下：

贷方余额账户		借方余额账户	
主营业务收入	380 000.00	主营业务成本	225 000.00
其他业务收入	18 000.00	其他业务成本	12 000.00
公允价值变动损益	1 780.00	营业税金及附加	21 890.00
投资收益	3 600.00	销售费用	74 500.00
营业外收入	1 720.00	管理费用	28 600.00
		财务费用	1 500.00
		资产减值损失	1 800.00
		营业外支出	1 410.00

2. 接着又发生下列经济业务：

(1) 11 月 30 日，将损益类贷方余额的账户结转"本年利润"账户。

(2) 11 月 30 日，将损益类借方余额的账户结转"本年利润"账户。

(3) 11 月 30 日，前 10 个月利润总额为 406 000 元，已交所得税额101 500 元，按 25％税率计提本月份所得税额。

(4) 11 月 30 日,将所得税费用结转"本年利润"账户。

(5) 12 月 10 日,以银行存款交纳上月确认的所得税额。

(6) 12 月 25 日,预计本月份实现利润总额 40 000 元,按 25％税率预交本月份所得税额。

(7) 12 月 31 日,年终决算利润总额为 505 000 元,发生非广告性赞助支出 8 800 元,业务招待费 17 000 元,对外投资分回税后利润 7 500 元。"递延所得税负债"账户余额为 13 750 元,"递延所得税资产"账户余额为 6 190 元。影响计税基础的有关账户余额为:坏账准备 4 760 元,固定资产减值准备 11 200 元,"无形资产"账户中有自行开发的非专利技术 110 000 元,已摊销了 66 000 元,清算本年度应交所得税额。

(8) 12 月 31 日,将所得税费用结转"本年利润"账户。

(9) 次年 1 月 15 日,以银行存款清缴上年度所得税额。

二、要求 编制会计分录。

练习题四 练习利润分配的核算

一、资料 大西洋宾馆全年共实现净利润 480 000 元,"利润分配——未分配利润"明细账户为贷方余额 37 800 元,接着又发生下列有关的经济业务:

1. 12 月 31 日,分别按净利润的 10％和 6％计提法定盈余公积和任意盈余公积。

2. 12 月 31 日,按净利润的 75％计提应分配给投资者的利润,其中,国家投资 80％,沪光工厂投资 20％。

3. 12 月 31 日,分别将"本年利润"账户余额和"利润分配"账户有关明细分类账户余额全部转入"利润分配——未分配利润"账户。

二、要求

1. 编制会计分录。

2. 开设"本年利润"和"利润分配"的总分类账户。

3. 开设"利润分配"的明细分类账户。

4. 根据会计分录登记所开设的账户,并结束旧账。

第十四章 财务报告

判断题

一、是非题

1. 财务报告是指企业对外提供的反映企业某一特定日期财务状况和某一会计期间经营成果、现金流量的文件。　　　　　　　　　　　　　　（　　）

2. 资产负债表中货币资金项目根据"库存现金"、"银行存款"和"其他货币资金"账户的期末余额合计数填列。　　　　　　　　　　　　　（　　）

3. 资产负债表中持有至到期投资项目应根据"持有至到期投资"账户的期末余额减去一年内到期的持有至到期投资数额后的差额填列。　　　（　　）

4. 资产负债表中"一年内到期的非流动负债"项目应根据"长期借款"和"应付债券"账户的期末余额分析填列。　　　　　　　　　　　　（　　）

5. 利润表的正表由营业收入、营业利润、利润总额、净利润和每股收益五个部分组成。　　　　　　　　　　　　　　　　　　　　　　（　　）

6. 利润分配表中"本年实际金额"栏,应根据"利润分配"账户及其所属明细分类账户的数据分析计算填列。　　　　　　　　　　　　　　（　　）

7. 现金流量是指企业的现金和现金等价物的流入和流出。　　　（　　）

8. 现金流量表正表部分由经营活动产生的现金流量、投资活动产生的现金流量、筹资活动产生的现金流量、汇率变动对现金及现金等价物的影响和现金及现金等价物净增加额组成。　　　　　　　　　　　　　　　（　　）

9. 投资活动产生的现金流入量,应由收回投资收到的现金、取得投资收益收到的现金、处置子公司及其他营业单位收到的现金净额和收到其他与投资活动有关的现金等项目组成。　　　　　　　　　　　　　　　　　（　　）

10. 间接法是指以净利润为基础,以非现金费用和债权、债务的变动额加以调整,结算出现金流量净额的方法。　　　　　　　　　　　　　（　　）

11. 公允价值变动收益应作为投资活动产生的现金流量,列入取得投资收益收到的现金的项目。　　　　　　　　　　　　　　　　　（　　）

12. 所有者权益变动表由上年年末余额、本年年初余额、本年增减变动金额和本年年末余额四个部分组成。　　　　　　　　　　　　　（　　）

二、单项选择题

1. 资产负债表中各项目的数据应根据本期总分类账或明细分类账户中的_____直接填列或经过分析计算调整后填列。

　　A. 期初余额和发生额　　　　　　B. 期初余额和期末余额

　　C. 期末余额　　　　　　　　　　D. 期末余额和发生额

2. 资产负债表中"应收账款"项目内除了包括"应收账款"账户所属各明细分类账户借方余额合计数外,还应包括_____。

　　A. "应付账款"账户所属各明细分类账户借方余额合计数

　　B. "预收账款"账户所属各明细分类账户借方余额合计数

　　C. "预付账款"账户所属各明细分类账户借方余额合计数

　　D. "其他应收款"账户所属各明细分类账户借方余额合计数

3. 利润表各项目的数据应根据本期总分类账户的_____直接填列或经过计算后填列。

　　A. 期初余额和发生额　　　　　　B. 期末余额和发生额

　　C. 期末余额　　　　　　　　　　D. 发生额

4. 现金流量表中"取得借款收到的现金"项目根据_____账户贷方发生额的合计数填列。

　　A. 短期借款、长期借款

　　B. 短期借款、长期借款——本金

　　C. 短期借款、长期借款、应付债券

　　D. 应付账款、短期借款、长期借款

三、多项选择题

1. 财务报表至少应当包括资产负债表、利润表、_____。

　　A. 现金流量表　　　　　　　　　B. 利润分配表

　　C. 附注　　　　　　　　　　　　D. 所有者权益变动表

2. 编制财务报表要求做到_____。

　　A. 数字真实　　　　　　　　　　B. 计算准确

　　C. 内容完整　　　　　　　　　　D. 报送及时

3. 通过对资产负债表的分析,可以了解资产的分布是否得当;资产、负债和所有者权益之间的结构是否合理;企业的财务实力是否雄厚;_____等。

　　A. 短期偿债能力的强弱　　　　　B. 盈利能力的强弱

　　C. 所有者持有权益的多少　　　　D. 财务状况的发展趋势

4. 资产负债表中,"预付账款"项目内填列的内容应包括_____。

　　A. "应收账款"所属各明细分类账户的借方发生额合计数

B. "应付账款"所属各明细分类账户的借方发生额合计数

C. "预收账款"所属各明细分类账户的借方发生额合计数

D. "预付账款"所属各明细分类账户的借方发生额合计数

5. 现金流量表中,"经营活动产生的现金流入量"应由_____等项目组成。

A. 收到的税费返还

B. 销售商品、提供劳务收到的现金

C. 处置固定资产收到的现金

D. 收到其他与经营活动有关的现金

6. 现金流量表中,"经营活动产生的现金流出量"应由购买商品、接受劳务支付的现金、_____和支付其他与经营活动有关的现金等项目组成。

A. 支付给职工以及为职工支付的现金

B. 购建固定资产支付的现金

C. 支付的各项税费

D. 偿付利息支付的现金

练　习　题

练习题一　练习财务报表的编制

一、资料　长春宾馆 12 月 31 日的有关资料如下:

1. 年终结账后总分类账户余额(单位:元)如下:

借方余额账户	年末余额	年初余额	贷方余额账户	年末余额	年初余额
库存现金	1 500.00	1 200.00	坏账准备	2 490.00	2 388.00
银行存款	174 500.00	162 800.00	商品进销差价	32 200.00	30 900.00
备用金	1 000.00	1 000.00	存货跌价准备	4 200.00	3 500.00
其他货币资金	18 000.00	15 000.00	累计折旧	456 200.00	250 000.00
交易性金融资产	98 000.00	90 000.00	累计摊销	27 000.00	18 000.00
应收票据	19 000.00	18 000.00	固定资产减值准备	8 200.00	6 700.00
应收账款	251 490.00	241 188.00	短期借款	132 000.00	122 000.00
应收利息	5 000.00	3 600.00	应付票据	19 100.00	18 600.00

借方余额账户	年末余额	年初余额	贷方余额账户	年末余额	年初余额
其他应收款	12 500.00	11 800.00	应付账款	68 560.00	43 730.00
在途物资	20 000.00	18 600.00	应付职工薪酬	21 500.00	20 980.00
原材料	188 730.00	181 180.00	应交税费	20 840.00	19 820.00
库存商品	135 850.00	129 900.00	应付股利	296 850.00	27 300.00
低值易耗品	89 820.00	87 720.00	其他应付款	7 560.00	6 980.00
待摊费用	31 200.00	28 800.00	长期借款	160 000.00	160 000.00
持有至到期投资	165 000.00	150 000.00	应付债券	622 000.00	575 000.00
固定资产	3 155 400.00	2 803 200.00	递延所得税负债	13 560.00	17 310.00
在建工程	152 900.00	142 800.00	实收资本	2 520 000.00	2 300 000.00
无形资产	99 000.00	99 000.00	资本公积	15 670.00	235 670.00
长期待摊费用	64 000.00	72 000.00	盈余公积	158 148.00	94 820.00
递延所得税资产	4 750.00	7 550.00	利润分配	101 562.00	65 940.00

2. 有关明细分类账户余额(单位:元)如下:

	年末余额	年初余额
(1)"应收账款"账户借方余额	258 000.00	246 800.00
"应收账款"账户贷方余额	9 000.00	8 000.00
(2)"应付账款"账户借方余额	30 800.00	28 600.00
"应付账款"账户贷方余额	99 360.00	72 330.00
(3)"持有至到期投资"账户中一年内到期的债券	55 000.00	48 000.00
(4)"长期待摊费用"账户中一年内到期的待摊费用	8 000.00	8 000.00
(5)"应付债券"账户中一年内到期的债券	48 000.00	42 000.00

3. 本年损益类账户净发生额(单位:元)如下:

账 户 名 称	12 月数	1～11 月数
主营业务收入	263 000.00	2 827 000.00
其他业务收入	5 000.00	55 000.00
主营业务成本	58 700.00	648 800.00
其他业务成本	2 000.00	10 000.00
营业税金及附加	13 400.00	159 850.00
销售费用	82 000.00	883 200.00
管理费用	62 100.00	670 800.00
财务费用	2 900.00	31 600.00
资产减值损失	2 320.00	11 130.00
公允价值变动损益	250.00	1 550.00
投资收益	2 040.00	11 660.00
营业外收入	2 730.00	7 070.00
营业外支出	3 900.00	6 600.00
所得税费用	10 125.00	120 075.00

4. 利润分配明细分类账户净发生额(单位:元)如下:

账 户 名 称	本年金额	上年金额
提取法定盈余公积	39 580.00	36 400.00
提取任意盈余公积	23 748.00	21 840.00
应付现金股利或利润	296 850.00	273 000.00

5. 上年净利润为 364 000 元,上年初未分配利润为 33 180 元。

6. 有关明细分类账户的年末余额与年初余额如下(单位:元):

账 户 名 称	年末余额	年初余额
交易性金融资产——现金等价物	58 000.00	50 000.00
持有至到期投资——应计利息	5 000.00	3 000.00
应交税费——未交增值税	255.00	340.00
应交税费——应交所得税	4 780.00	3 950.00

7. 有关总分类账户和明细分类账户的发生额(单位:元)如下:

账 户 名 称	借方金额	贷方金额
交易性金融资产	100 000.00	92 000.00
其中:现金等价物	65 000.00	57 000.00
应收利息	5 000.00	3 600.00
其他应收款	15 000.00	14 300.00
坏账准备——应收账款	5 898.00	6 000.00
存货跌价准备	2 400.00	3 100.00
待摊费用	31 200.00	28 800.00
持有至到期投资	63 000.00	48 000.00
其中:应计利息	5 000.00	3 000.00
固定资产	492 700.00	142 000.00
累计折旧	118 600.00	324 800.00
在建工程	97 100.00	87 000.00
固定资产减值准备		4 350.00
累计摊销		9 000.00
长期待摊费用		8 000.00
短期借款	122 000.00	132 000.00
应付职工薪酬	381 080.00	381 600.00
应交税费——应交所得税——销项税额		10 370.00
应交税费——应交增值税——进项税额	8 415.00	
应交税费——未交增值税——转入未交增值税	2 040.00	
应交税费——应交所得税	130 320.00	131 150.00
应付股利	273 000.00	296 850.00
其他应付款	7 200.00	7 780.00
应付债券	42 000.00	89 000.00
其中:应计利息	9 000.00	11 000.00

8. 有关明细账户净发生额如下：

(1) 销售费用有关明细账户净发生额(单位：元)如下：

职工薪酬	294 000.00
保险费(待摊费用转入)	23 040.00
折旧费	275 000.00
修理费(长期待摊费用转入)	8 000.00
低值易耗品摊销	9 800.00
物料消耗	12 300.00

(2) 管理费用有关明细账户净发生额(单位：元)如下：

职工薪酬	75 600.00
保险费(待摊费用转入)	5 760.00
折旧费	49 800.00
无形资产摊销	9 000.00
税金	6 120.00
低值易耗品摊销	3 800.00
其他费用——物料消耗	3 410.00

(3) 财务费用有关明细账户净发生额(单位：元)如下：

利息支出	30 060.00
发行债券费用	120.00
汇兑损失	1 600.00

(4) 其他业务成本有关明细账户净发生额(单位：元)如下：

职工薪酬	12 000.00

(5) 营业外收入有关明细账户净发生额(单位：元)如下：

非流动资产处置利得——固定资产	5 510.00
罚款收入现金	4 290.00

(6) 营业外支出有关明细账户净发生额(单位：元)如下：

非流动资产处置损失——固定资产	3 800.00
罚款支出现金	1 200.00
捐赠支出现金	5 500.00

9. 其他有关资料如下：

(1) 出售与报废固定资产以现金支付处置费用 1 720 元，出售固定资产与固定资产残料收入现金 26 830 元。

(2) 增加固定资产和在建工程的数额中除固定资产中有 87 000 元系在建工程

转入,在建工程有 11 000 元系应付债券的利息外,其余的均以现金支付。

10. 该宾馆本年和上年均未发生会计政策变更和前期差错更正业务,本年将220 000 元资本公积转增资本,上年所有者追加投资250 000 元,上年金额中的上年年末余额实收资本为 2 050 000 元,资本公积为 235 670 元,盈余公积为 36 580元,未分配利润为33 180元。

二、要求

1. 根据"资料 1"、"资料 2",编制资产负债表。

2. 根据"资料 3",编制利润表。

3. 根据"资料 4"、"资料 5"和利润表,编制利润分配表。

4. 根据"资料 6"、"资料 7"、"资料 8"、"资料 9"和资产负债表等财务报表,编制现金流量表。

5. 根据"资料 10"和资产负债表、利润分配表,编制所有者权益变动表。

第十五章 债务重组

判 断 题

一、是非题

1. 债务是指企业由于过去的事项而发生的现存义务,这种义务的结算将会引起含有经济利益的资源流出企业。 （　　）

2. 债务人发生财务困难是指因债务人经营陷入困境或者其他原因,导致其无法或者没有能力按原定条件偿还债务。 （　　）

3. 重组债务的账面价值是指债务的面值或本金、原值,它不包括应计未付的利息。 （　　）

4. 非现金资产的账面价值是指非现金资产的账面余额扣除有关损失准备后的金额。 （　　）

5. 以固定资产清偿债务时,固定资产的公允价值小于重组债务的账面价值的差额,应列入"营业外支出"账户。 （　　）

6. 以固定资产清偿债务时,固定资产的公允价值小于其账面价值的差额,应列入"营业外收入"账户。 （　　）

7. 债务人以修改其他债务条件方式清偿债务所涉及的或有应付金额,符合预计负债确认条件的,应当将其确认为预计负债。 （　　）

8. 重组债权的账面价值是指债权面值或本金、原值,如果是应收账款应减去其已计提的减值准备,如果是带息的应收票据、债券投资等有利息的,应加上应计未收的利息。 （　　）

9. 债权人对重组债权的账面价值与受让的非现金资产的差额应确认为债务重组损失。 （　　）

10. 企业接受债务人以股票、债券、基金清偿债务的,根据企业持有的目的不同,按其公允价值作为交易性金融资产、可供出售金融资产、持有至到期投资入账。 （　　）

11. 企业接受债务人以修改其他债务条件清偿债务而涉及或有应收金额的,应当将其确认为或有应收金额入账。 （　　）

二、单项选择题

1. 将债务转为资本时,债务人应当将享有股权份额的公允价值与实收资本或股本之间的差额列入_____账户。

A. "资本公积"　　　　　　　　B. "营业外支出"

C. "管理费用"　　　　　　　　D. "长期股权投资"

2. 企业或有应付金额实际发生时应将其_____账户。

A. 冲减"长期借款——债务重组"

B. 冲减"预计负债"

C. 列入"营业外支出——债务重组损失"

D. 列入"管理费用"

3. 企业因债务重组发生的或有应收金额应列入_____账户。

A. "营业外收入"　　　　　　　B. "长期股权投资"

C. "投资收益"　　　　　　　　D. "资本公积"

4. 企业因放弃债权而享有股权时,发生相关的税费应列入_____账户。

A. "资本公积"　　　　　　　　B. "营业外支出"

C. "管理费用"　　　　　　　　D. "长期股权投资"

三、多项选择题

1. 债权人出于_____原因同意债务人修改债务条件。

A. 全额收回债权

B. 最大限度地收回债权

C. 避免因采取立即求偿的措施,致使债权上的损失更大

D. 帮助债务人走出困境

2. 债务重组的方式有以低于债务账面价值的现金清偿债务、_____。

A. 以非现金资产清偿债务　　　B. 将债务转为资本

C. 修改其他债务条件　　　　　D. 多种方式的组合

3. 债务人常用于偿债的非现金资产主要有存货、_____等。

A. 固定资产　　　　　　　　　B. 长期股权投资

C. 无形资产　　　　　　　　　D. 长期待摊费用

4. 企业购进长期债券后,如发生财务困难,以修改其他债务条件方式进行债务重组,如修改后的债务条款中涉及或有应收金额,确定重组债权账面价值时,应包括_____。

A. 或有应收金额

B. 债券面值

C. 债券的应计利息

D. 计提的资产减值准备

练 习 题

练习题一 练习债务人债务重组的核算

一、资料

1. 城西酒店股份有限公司发生下列有关的经济业务：

（1）2008年1月5日，3个月前向荣欣公司购置音响设备签发并承兑的不带息商业汇票100 000元已到期，因资金周转困难而无力偿付。经双方协议，荣欣公司同意减免本公司债务10 000元，今签发转账支票付清债务。

（2）2008年2月10日，2个月前向华声工厂购进商品一批，计货款80 000元，增值税额13 600元，合同约定2个月付款，因发生财务困难而无力偿还。经双方协议，对方同意本公司以一辆大客车抵偿债务，该车原值为120 000元，已提折旧30 000元，已提减值准备2 000元，其公允价值为87 000元，大客车已交付华声工厂。

（3）2008年3月30日，3个月前向达利公司购进空调设备75 000元，合同约定3个月付款，因发生财务困难而无力偿还。经双方协议，达利公司同意本公司以一批商品抵偿债务，该批商品的销售价格为60 000元，增值税税率为17%，商品已交付达利公司，商品的账面价值为54 000元，未提减值准备。

（4）2008年4月18日，6个月前向永寿公司购进房屋一幢，作为营业用房，价值1 200 000元，其中600 000元当即签发转账支票付讫，其余600 000元合同约定6个月后支付，现因发生财务困难无力偿还。经双方协议，永寿公司同意本公司以10%的股权抵偿债务。本公司的所有者权益为5 400 000元，10%股权的公允价值为575 000元。

（5）2008年4月30日，3年前向工商银行借入300 000元借款已到期，借款年利率为7.2%，到期一次还本付息。现因发生财务困难进行债务重组，银行同意延长借款到期日至2011年4月30日，利率降至6%，每年付息1次，免除积欠利息64 800元，本金减至280 000元。但附有一条件，债务重组后，自第二年起有盈利的，则年利率回复至7.2%；若无盈利，利率仍维持6%。今办妥债务重组手续。

（6）2009年4月30日，按照协议签发转账支票支付工商银行1年期借款利息。

（7）2010年4月30日，本公司已实现盈利，按照协议签发转账支票支付工商银行1年期借款利息。

（8）2011年4月30日，按照协议签发转账支票清偿工商银行借款的本金及支付 1 年期借款利息。

2. 飞达宾馆发生下列有关的经济业务：

(1) 2011 年 3 月 29 日,3 个月前向湖滨房产公司购置房屋 1 间,结欠房款 200 000 元,现因发生财务困难,无法支付房款,经双方协议,湖滨房产公司同意本宾馆以 1 辆大客车抵偿部分债务。该大客车原值 120 000 元,累计折旧 25 000 元,已提减值准备 5 000 元,其公允价值为 88 000 元,其余的债务转为 3% 的股权。3% 股权的公允价值为 105 000 元,本公司重新注册的资本为 3 200 000 元。

(2) 2011 年 5 月 30 日,3 个月前向长宁工厂购进设备,签发并承兑的不带息商业汇票 160 000 元已到期。因发生财务困难,无力清偿。经法院裁定,本宾馆以 1 辆小汽车抵偿部分债务,该小汽车原值为 150 000 元,累计折旧为 64 000 元,已提减值准备 4 000 元,其公允价值为 85 000 元;并以本宾馆商品一批抵偿部分债务,该批商品的销售价格为 50 000 元,增值税税率为 17%,账面余额 45 000 元,还规定 1 年后再支付现金 15 000 元,以清偿剩余债务。

二、要求　编制会计分录。

练习题二　练习债权人债务重组的核算

一、资料

1. 丽都酒店发生下列有关的经济业务：

(1) 2009 年 1 月 7 日,客户东湖公司结欠租金 105 000 元,已按 1% 计提了坏账准备。因东湖公司资金周转困难,无力支付租金,经双方协议,本酒店同意减免对方债务 20 000 元后,当即收到东湖公司清偿债务的转账支票 85 000 元,存入银行。

(2) 2009 年 2 月 6 日,华欣公司结欠租金 100 000 元,已按 1% 计提了坏账准备。因该公司发生财务困难,无法偿还债务,经双方协议,本酒店同意对方用商品抵偿债务,该商品销售价格为 80 000 元,增值税税率为 17%,收到其开来的专用发票,该批商品已全部验收入库。

(3) 2009 年 3 月 15 日,客户九华公司结欠租金 110 000 元,已按 1% 计提了坏账准备,因该公司发生财务困难,无法偿还债务,经双方协议,本酒店同意该公司以持有的 12 000 股东亚股份有限公司的股票抵偿债务,该股票每股市价 8 元,另按交易金额的 3‰ 支付佣金,1‰ 交纳印花税。交易费用当即签发转账支票支付,股票作为交易目的而持有。

(4) 2009 年 4 月 20 日,客户端安公司结欠租金 112 500 元,已按 1% 计提了坏账准备,因该公司发生财务困难,无力偿还债务,经双方协议,本酒店同意该公司以 1 间旧房屋抵偿债务。该房屋的公允价值为 110 000 元。

(5) 2009 年 4 月 10 日,川沙股份有限公司结欠租金 128 000 元,已按 1‰计提了坏账准备。因该公司发生财务困难,无法偿还债务,经双方协议,本酒店同意该公司以其 20 000 股普通股抵偿欠款。该普通股每股面值为 1 元,市价为 6.20 元,并签发转账支票 744 元支付受让普通股的佣金及交纳受让普通股的印花税。该股票作为可供出售金融资产入账。

(6) 2009 年 4 月 30 日,本酒店持有 3 年期长阳工厂的债券 180 000 元已到期,该债券年利率为 7.2%,到期一次还本付息,已计提了减值准备 4 500 元,因该厂发生财务困难,无法兑付本息,经双方协议,本酒店免除对方积欠利息 38 880 元,并延长债券到期日至 2008 年 4 月 30 日,年利率降至 6%。但附有一条件,债务重组后,如该厂第 2 年有盈利,则年利率恢复至 7.2%;若无盈利,年利率仍维持 6%。

(7) 2011 年 4 月 30 日,长阳工厂第 2 年有盈利,按照协议付来转账支票一张,以清偿债券本息。

(8) 2011 年 4 月 30 日,对上项业务,若长阳工厂仍无盈利,按照协议付来转账支票一张,以清偿债券本息。

2. 泰兴公司发生下列有关的经济业务:

(1) 2011 年 3 月 1 日,客户宏昌股份有限公司结欠租金 160 000 元,已按 1‰计提了坏账准备。因该公司发生财务困难,无法偿还债务,经双方协议,本公司同意该公司以现金 50 000 元偿付部分债务,其余部分以其 15 000 股普通股抵偿。该普通股每股市价为 6.60 元,签发转账支票按交易金额的 3‰支付佣金,1‰交纳印花税。该股票作为交易目的而持有。

(2) 2011 年 4 月 30 日,客户华昌公司结欠租金 180 000 元,已按 1‰计提了坏账准备。因该公司发生财务困难,无法偿还债务,经法院裁定,华昌公司先偿付现金 18 000 元,再以一批商品抵偿部分债务,该批商品的销售价格为 40 000 元,增值税税率为 17%;并将部分债务转为 3%的股权,作为长期股权投资入账。3%股权的公允价值为 93 000 元,还规定 1 年后再支付现金 20 000 元,以清偿剩余债务。今收到华昌公司偿还债务的款项 18 000 元,存入银行。

二、要求 编制会计分录。

第十六章 会计调整

判断题

一、是非题

1. 会计处理方法是指企业在会计核算中按照法律、行政法规和企业会计准则的规定,采用或者选择适合于本企业的具体处理方法。（　　）

2. 企业发生会计政策变更时,可以选用追溯调整法或者未来适用法进行调整。（　　）

3. 会计政策变更累积影响数是指按照变更后的会计政策,对以前各期追溯计算的列报前期期初留存收益应有金额与现有金额之间的差额。（　　）

4. 会计估计是指企业对结果不确定的交易或者事项以其最近可利用的信息为基础所作的判断。（　　）

5. 会计估计变更是指由于资产和负债的当前状况及预期经济利益和义务发生了变化,从而对资产或负债的账面价值进行调整。（　　）

6. 前期差错是指由于没有运用或错误运用信息,而对前期财务报表造成省略或错报。（　　）

7. 企业对于重要的前期差错,必须用追溯重述法进行更正。（　　）

8. 资产负债表日后事项是指资产负债表日次日至财务报告批准报出日之间发生的有利或不利事项。（　　）

9. 有利或不利事项是指资产负债表日后事项肯定对企业的财务状况、经营成果和现金流量具有一定的影响,既包括有利影响,也包括不利影响。（　　）

10. 资产负债表日后调整事项是指对资产负债表日已经存在的情况提供了新的证据的事项。（　　）

11. 资产负债表日后非调整事项是指表明资产负债表日后发生的情况的事项。（　　）

12. 资产负债表日后发现财务报表舞弊或差错,这属于资产负债表日后非调整事项。（　　）

二、单项选择题

1. _____不是会计政策变更与会计估计变更的判断基础。

A. 计量基础是否发生变更　　　　　　B. 会计处理方法是否发生变更

C. 会计确认是否发生变更　　　　　　D. 列报项目是否发生变更

2. 前期差错不包括_____。

A. 应用会计估计错误　　　　　　　　B. 应用会计政策错误

C. 存货、固定资产盘盈　　　　　　　D. 疏忽或曲解事实

3. _____是不需要在附注中披露的资产负债表日后非调整事项。

A. 资产负债表日后发生重大诉讼、仲裁、承诺

B. 资产负债日后资本公积转增资本

C. 资产负债表日后发生亏损

D. 资产负债表日后发生企业合并或处置子公司

三、多项选择题

1. 我国会计政策具有_____的特点。

A. 选择性　　　　　　B. 多样性　　　　　　C. 强制性　　　　　　D. 层次性

2. 企业应当披露的重要的会计政策有发出存货成本的计量、固定资产的初始计量、长期股权投资的后续计量、_____等等。

A. 无形资产的确认　　　　　　　　　B. 收入的确认

C. 费用的确认　　　　　　　　　　　D. 借款费用的处理

3. 会计估计具有_____的特点。

A. 会计估计往往以最近可利用的信息或资料为基础

B. 进行会计估计并不会削弱会计确认和计量的可靠性

C. 会计估计的存在是由于经济活动中内在的不确定性因素的影响

D. 进行会计估计并不会影响会计处理方法的应用

4. 企业应当在附注中披露与会计估计变更有关的信息有_____。

A. 会计估计变更对前期和当期期间的影响数

B. 会计估计变更对当期和未来期间的影响数

C. 会计估计变更的内容和原因

D. 会计估计变更的影响数不能确定的,应当披露这一事实和原因

5. 判定调整事项的基本条件是_____。

A. 资产负债表日前已经发生,并根据当时掌握的资料已作了会计处理

B. 资产负债表日后所发生的

C. 对使用者理解财务报表有重大影响的

D. 资产负债表日后又获得新的证据,表明原会计处理不准确,需要重新或补充处理

6. 资产负债表日后调整事项通过账务处理后,还应同时调整财务报表相关项目的数据,它包括_____,如涉及报表附注的内容,还应作出相应调整。

A. 资产负债表日编制的财务报表相关项目的期初数或本年发生数
B. 资产负债表日编制的财务报表相关项目的期末数或本年发生数
C. 当期编制的财务报表相关项目的期初数或上年发生数
D. 当期编制的财务报表相关项目的期末数或本年发生数

练　习　题

练习题一　练习会计政策变更的处理方法

一、资料　中安广告公司 2005 年 1 月至 6 月自行研究开发成功一项专利权，开发阶段的支出为 160 000 元，当时全部列入"管理费用"账户。根据《企业会计准则第 6 号——无形资产》的规定，企业内部研究开发的无形资产，开发阶段的支出应将其资本化，确认为无形资产。该准则于 2007 年 1 月 1 日起施行。该公司决定从 2007 年起将自行开发的无形资产入账，该资产预计使用寿命为 8 年。该公司的所得税税率为 25%，公司分别按净利润的 10% 和 5% 提取法定盈余公积和任意盈余公积。

二、要求
1. 计算将自行开发的无形资产入账后的累积影响数。
2. 编制相关项目的调整分录。
3. 列出财务报表相关项目的调整金额。

练习题二　练习会计估计变更的处理方法

一、资料　飞腾广告公司外购的一项专利权，共计 180 000 元，预计摊销 10 年，从 2010 年 1 月开始摊销。近年来，随着科技的进步，该项专利权的受益年限为 9 年，该企业决定从 2011 年起，将专利权的摊销年限变更为 9 年。

二、要求　计算该公司发生变更专利权的摊销年限后的年摊销额。

练习题三　练习前期差错的更正

一、资料　天山宾馆 2011 年发生下列有关的经济业务。

1. 2011 年 2 月 10 日，经检查，发现 2010 年少提行政管理部门固定资产折旧费 1 250 元。

2. 2011 年 3 月 21 日，经检查，发现 2010 年多计营业部门固定资产折旧费 120 000 元，该宾馆的所得税税率为 25%，宾馆分别按净利润的 10% 和 6% 计提法定盈余公积和任意盈余公积。

二、要求　编制更正或调整分录,并对财务报表进行调整和重述。

练习题四　练习资产负债表日后调整事项的会计处理

一、资料　康达国际旅行社发生下列有关的经济业务:

1. 2010 年 12 月 5 日,康达国际旅行社因合同违约,与中洲宾馆涉及了一项诉讼案,根据法律顾问判断,最终的判决很可能对康达国际旅行社不利。至年末尚未接到法院的判决。经分析后决定对该项诉讼案按最佳估计数 100 000 元确认预计负债入账。康达和中洲这两个企业的财务报告批准报出日均为 2011 年 3 月 31 日,所得税税率均为 25%,所得税的汇算清缴均在 2011 年 4 月 5 日完成。两个企业均按净利润的 10% 和 6% 分别计提法定盈余公积和任意盈余公积。2011 年 3 月 10 日,法院判决康达国际旅行社应赔偿中洲宾馆 108 000 元,并承担诉讼费 10 800 元,赔偿款和诉讼费均在判决生效后 10 日内支付。

2. 2010 年 12 月 31 日,康达国际旅行社将应收美国摩尔旅行社组团来华旅游的团费 31 000 美元已按 5‰ 计提了坏账准备。当日美元中间价 USD1＝￥6.32。康达国际旅行社的财务报告批准报出日为 2010 年 3 月 31 日。2011 年 3 月 20 日,康达国际旅行社收到法院通知,美国摩尔旅行社已宣告破产清算,无力清偿全部债务,康达国际旅行社预计可收到账款的 72%。

二、要求

1. 根据"资料 1",编制康达国际旅行社相关事项的会计分录,并调整年度财务报表的相应数据。

2. 根据"资料 1",编制中洲宾馆相关事项的会计分录,并调整年度财务报表的相应数据。

3. 根据"资料 2",编制康达国际旅行社相关事项的会计分录,并调整财务报告的相应数据。

测 试 题 一

题号	一	二	三	四	五	总分
得分						

一、是非题(每题 1 分,共 10 分)

1. 旅游业、饮食业和服务业是以向消费者提供劳动服务为特征的服务行业。
（　　）

2. 客房出租的主要价格有标准房价、团阶房价和实际出租房价。　（　　）

3. 低值易耗品的摊销和修理均应根据使用部门的不同,分别列入"销售费用"和"管理费用"账户。　（　　）

4. 企业自行开发无形资产发生的研究、开发支出均应列入无形资产的成本。
（　　）

5. 职工薪酬是指企业为获得职工服务而给予的各种形式的报酬。　（　　）

6. 所有者权益变动表由上年年末余额、本年年初余额、本年增减变动金额和本年年末余额四个部分组成。　（　　）

7. 照相业除了核算耗用原材料总成本外,还要核算每种产品的单位成本。
（　　）

8. 商场销售业务分散收款容易发生差错与弊端,而集中收款手续繁琐。
（　　）

9. 注册资本可以一次或分次交纳,有限责任公司和股份有限公司的全体股东的首次出资额不得低于注册资本的 20%。　（　　）

10. 营业外收入主要包括非流动资产处置利得、债务重组利得、退税利得、盘盈利得、捐赠利得和罚款收入。　（　　）

二、单项选择题(每题 2 分,共 16 分)

1. 已确认减值损失的_____,在随后会计期间,其公允价值上升的,应在原已计提的减值准备金额内予以转回。

A. 投资性房地产　　　　　　　　　B. 持有至到期投资

C. 长期股权投资　　　　　　　　　D. 交易性金融资产

2. 采用加速折旧法是为了_____。

A. 在较短的时期内收回固定资产的全部投资

B. 合理地提取固定资产折旧

C. 在较短的时期内收回固定资产的大部分投资

D. 在近期内减少企业的利润

3. 已销商品进销差价计算偏高,那么_____。

A. 期末库存商品价值偏低,毛利也偏低

B. 期末库存商品价值偏低,毛利则偏高

C. 期末库存商品价值偏高,毛利也偏高

D. 期末库存商品价值偏高,毛利则偏低

4. 企业为进行长期股权投资,于年初购进股票,采用权益法核算,次年初被投资公司宣告分派现金股利时,应_____。

A. 作为投资收益

B. 作为投资成本的收回

C. 部分作为投资收益,部分作为投资成本的收回

D. 作为投资损益的调整

5. 溢价发行债券是因为_____。

A. 市场利率大于票面利率　　　　　B. 票面利率大于市场利率

C. 企业经营业绩好　　　　　　　　D. 企业财务状况好

6. _____属于可抵扣暂时性差异。

A. 预计负债　　　　　　　　　　　B. 国债利息收入

C. 自行开发的无形资产　　　　　　D. 赞助支出

7. 资产负债表中各项目的数据应根据本期总分类账户或明细分类账户中的_____直接填列或经过分析计算调整后填列。

A. 期初余额和发生额　　　　　　　B. 期初余额和期末余额

C. 期末余额和发生额　　　　　　　D. 期末余额

8. _____是不需要在附注中披露的资产负债表日后非调整事项。

A. 资产负债表日后发生重大诉讼、仲裁、承诺

B. 资产负债表日后资本公积金转增资本

C. 资产负债表日后发生企业合并或处置子公司

D. 资产负债表日后发生亏损

三、多项选择题(每题 2 分,共 16 分)

1. 企业应贯彻"钱账分管的原则,出纳人员不得兼管收入、费用账目的登

记、_____"等工作。

A. 现金银行存款日记账的登记　　　B. 稽核

C. 债权、债务账目的登记　　　　　D. 会计档案的保管

2. 燃料领用的核算可以采用_____等方法。

A. 实际耗用法　　　　　　　　　B. 倒挤耗用法

C. 定额耗用法　　　　　　　　　D. 个别计价法

3. 自制原材料的成本包括_____。

A. 耗用的材料　　B. 管理费用　　C. 工资　　　D. 其他费用

4. 除了发生销售费用外,还发生主营业务成本的服务业有_____。

A. 照相经营业务　　　　　　　　B. 洗染经营业务

C. 修理经营业务　　　　　　　　D. 娱乐经营业务

E. 广告经营业务　　　　　　　　F. 客房经营业务

5. 或有事项有未决诉讼、_____等。

A. 因意外事故发生损失　　　　　B. 产品质量保证

C. 债务担保　　　　　　　　　　D. 未决仲裁

6. _____属于转账摊销的支付方式。

A. 固定资产折旧　　　　　　　　B. 待摊费用摊销

C. 低值易耗品摊销　　　　　　　D. 无形资产摊销

7. 债权人出于_____原因,同意债务人修改债务条件。

A. 最大限度地收回债权

B. 全额收回债权

C. 避免因采取立即求偿的措施,致使债权上的损失更大

D. 帮助债务人走出困境

8. 企业应当披露的重要的会计政策有发出存货成本的计量、固定资产的初始计量、长期股权投资的后续计量、_____等等。

A. 无形资产的确认　　　　　　　B. 费用的确认

C. 收入的确认　　　　　　　　　D. 借款费用的处理

四、分录题(每题 2 分,第 19 题 4 分,共 46 分)

1. 华声宾馆商场部采用进价金额核算法,现发生下列经济业务:

(1) 旅游部接受美国纽约旅行社组团来我国旅游,该团共 24 人,旅游日程 8 天,报价为 USD 28 800,当日美元的中间价 USD1 = ¥6.35,对方根据合同规定预先汇来旅游费的 35%,存入银行。

(2) 承上题,组团来我国旅游的旅客游程结束,已离境回国,旅游部根据各接团社报来的"旅游团费用拨款结算通知单"填制"结算账单"计 USD 28 800,并填写

托收通知书办妥向对方托收账款的手续,当日美元的中间价 USD1＝￥6.35,经审核无误,予以入账。

(3) 收到银行转来美国纽约旅行社结欠的其余 65％的旅游费,当日美元的中间价 USD1＝￥6.34。

(4) 客户杨亮预订酒席 10 桌,每桌 1 500 元,预收定金 1 500 元,存入银行。

(5) 杨亮如期开宴,除酒席每桌 1 500 元外,每桌另加酒、饮料 250 元,扣除预收定金外,收取的全部酒席款存入银行。

(6) 客房部采取先住店后付款的结算方式,该部送来营业收入日报表,表中"营业收款"栏内房金为 12 500 元,"结欠房金"栏内本日交付的数额为 12 270 元,现金已存入银行。

(7) 按"应收账款"账户的期末余额 145 000 元的 1‰计提坏账准备。

(8) 接受沪光公司投入大客车 1 辆,投资合同约定大客车按150 000 元计量,大客车已达到预定可使用状态,并由旅游部验收使用。

(9) 上项大客车预计净残值率为 4％,预计使用寿命 8 年,计提其本月份折旧额。

(10) 购进餐桌 10 只,每只 400 元,货款 4 000 元,以银行本票付讫。餐桌由餐厅部领用,按五五摊销法摊销。

(11) 商场部向北京工艺品公司购进景泰蓝花瓶 100 只,每只 200 元,计货款 20 000 元,增值税额 3 400 元,款项以商业汇票付讫。

(12) 北京工艺品公司发来商场部购进的景泰蓝花瓶 100 只,每只 200 元,计货款 20 000 元,已验收入库。

(13) 商场部转来"销货日报表"和"收款日报表",列明销售各种商品计 16 000 元,货款中信用卡结算为 5 000 元,其余部分为现金结算,信用卡结算的手续费率为 9‰,结算单据和现金均已解存银行。

(14) 购进光华公司股票 10 000 股,每股按 8 元购进,另以交易金额的 3‰支付佣金,1‰交纳印花税,款项一并以转账支票付讫。该股票为交易目的而持有。

(15) 出售上项购进的光华公司股票 10 000 股,每股按 9 元出售,另以交易金额的 3‰支付佣金,1‰交纳印花税,出售的净收入已存入银行。

(16) 为建造客房部,发行面值 720 000 元的债券,票面利率为 9％,期限 3 年,每年付息一次,而市场利率为 8％。现收到债券发行款,存入银行(现值系数为 0.7938,年金现值系数为 2.5771)。

(17) 本月份应发放的职工薪酬合计为 120 000 元,其中经营人员 98 000 元,管理人员 22 000 元;代扣款项为 21 750 元,其中:住房公积金 8 400 元,养老保险费 9 600 元,医疗保险费 2 400 元,失业保险费 1 200 元,个人所得税 150 元,其余 98 250 元以现金付讫。

(18) 银行开来短期借款计息单,系支付本季度的短期借款利息 8 760 元,查前 2 个月已预提短期借款利息 5 720 元。

(19) 年终决算利润总额为 500 000 元,发生业务招待费 16 000 元,非广告性赞助支出 11 000 元,对外投资分得税后利润 6 000 元。"递延所得税负债"账户余额为 17 200 元,"递延所得税资产"账户余额为 9 100 元,影响计税基础的有关账户余额为:坏账准备 8 750 元,存货跌价准备为 9 650 元。"无形资产"账户有自行开发的专利权 100 000 元,已摊销了 40 000 元,按 25% 税率确认本年度所得税额。前 11 个月已计提了所得税额 107 500 元,清算本年度应交所得税额(列出算式)。

2. 申江广告公司发生下列经济业务:

(1) 为天原电器公司制作电器广告的画面安装完毕,共领用原材料 11 500 元分配制作和安装人员的薪酬 7 770 元,发生费用 3 130 元,以银行存款支付。

(2) 为天原电器公司制作的灯箱广告画面已制作完毕,经验收合格,当即填制销售发票 30 000 元,予以入账,查该款项已预收了 45%。

(3) 收到天原电器公司付来电器广告画面制作其余 55% 的账款和本月份电器广告的发布费 18 000 元。

五、计算题(12 分)

1. 根据下列资料用加权平均法计算原材料耗用成本(见图表测试题 1-1)(3 分)。

图表测试题 1-1

原材料明细分类账

品名:面粉 计量单位:千克

2012年		凭证号数	摘要	收 入			发 出			结 存		
月	日			数量	单价	金额	数量	单价	金额	数量	单价	金额
1	1		余额							400	4.18	1 672.00
	3	(略)	发出				200			200		
	5		购进	700	4.22	2 954.00				900		
	10		发出				300			600		
	18		发出				400			200		
	22		购进	500	4.28	2 140.00				700		
	25		发出				400			300		
	30		盘亏				20	4.18	83.60	280		

加权平均单价=_____

期末结存=_____

本期发出原材料成本=_____

2. 根据下列资料用成本毛利率法确定菜肴的售价(2分)。

腰果炒虾仁的成本为60元,其成本毛利率为45%。

腰果炒虾仁售价=_____

3. 根据下列账户净发生额计算利润表项目的金额(4分)。

主营业务收入	280 000	营业外收入	2 100
其他业务收入	12 000	营业外支出	1 800
主营业务成本	45 000	营业税金及附加	15 400
其他业务成本	7 600	资产减值损失	1 150
销售费用	107 500	投资收益	9 000
管理费用	34 950	公允价值变动损益(贷方)	2 000
财务费用	3 600		

(1)营业利润=_____

(2)利润总额=_____

4. 根据下列资料计算现金流量表项目的金额(3分)。

利润表"营业收入"项目为300 000元;"应交税费——应交增值税——销项税额"明细账户净发生额为14 960元;资产负债表"应收票据"和"应收账款"项目的年初余额分别为8 000元和105 000元,年末余额分别为8 600元和108 000元,"坏账准备——应收账款"账户的借贷方发生额分别为2 700元和2 850元。

销售商品、提供劳务收到的现金=_____

测试题二

题号	一	二	三	四	五	六	总分
得分							

一、是非题(每题 1 分,共 10 分)

1. 签发空头支票或印鉴不符的支票,银行对出票人处以 5% 的罚款。（　　）

2. 原材料的采购费用包括运杂费、运输途中的合理损耗及税金。（　　）

3. 使用寿命有限的无形资产应当在使用寿命内的系统合理摊销;使用寿命不确定的无形资产不应摊销。（　　）

4. 接团社一般遵循先收款、后接待的原则。（　　）

5. 饮食业虽具有生产、零售和服务三种职能,但在会计核算上却不具有与生产、零售和服务业相同的特点。（　　）

6. 饮食业采用实地盘存制时,月末将厨房剩余原材料的盘点金额,加上库存原材料的盘存金额,然后倒挤耗用原材料的成本。（　　）

7. 非同一控制下企业合并,若合并成本小于取得被购买可辨认净资产的公允价值,其差额应列入"资本公积"账户。（　　）

8. 修理业的成本只核算修理过程中耗用的零配件和修理材料,不核算人工费用。（　　）

9. 以固定资产清偿债务时,固定资产的公允价值小于其账面价值的差额,应列入"营业外收入"账户。（　　）

10. 管理费用中的燃料费指企业支付的燃料及动力费用,包括饭店的餐饮部门耗用的燃料费用。（　　）

二、单项选择题(每题 2 分,共 16 分)

1. 同城和异地均能采用的结算方式是_____。

A. 银行本票　　　　　　　　　B. 银行汇票

C. 商业汇票　　　　　　　　　D. 汇兑

2. _____是指非组团旅行社为组团社派出的翻译导游人员参加全程陪同,按规定开支的各项费用。

    A. 综合服务费   B. 零星服务收入

    C. 其他服务收入   D. 劳务收入

    3. 洗染业由于管理上和技术操作上的失误,发生衣物损坏而需要作赔偿时,应_____账户。

    A. 冲减"主营业务收入"   B. 列入"营业外支出"

    C. 列入"管理费用"   D. 列入"主营业务成本"

    4. 交易性金融资产在持有期间收到被投资单位宣告发放的现金股利时,应贷记_____账户。

    A. "投资收益"   B. "交易性金融资产——成本"

    C. "公允价值变动损益"   D. "应收股利"

    5. _____不能在"应付职工薪酬——职工福利"账户中列支。

    A. 退休职工的生活困难补助

    B. 职工及供养直系亲属的医药费

    C. 独生子女补助费

    D. 食堂炊事用具的购置及修理费

    6. _____是指投资者按照企业章程或合同、协议的约定实际投入企业的资本。

    A. 投入资本   B. 实收资本   C. 资本公积   D. 注册资本

    7. 企业或有应付金额实际发生时,应将其_____账户。

    A. 冲减"预计负债"

    B. 冲减"长期借款——债务重组"

    C. 列入"管理费用"

    D. 列入"营业外支出——债务重组损失"

    8. 利润表各项目的数额应根据本期总分类账户的_____直接填列或经过计算后填列。

    A. 期初余额和发生额   B. 期末余额和发生额

    C. 期末余额   D. 发生额

三、多项选择题(每题2分,共16分)

    1. 旅游饮食服务业具有_____等多种职能。

    A. 生产   B. 游乐   C. 销售   D. 服务

    2. 计提固定资产折旧的范围有_____。

    A. 作为固定资产入账的土地   B. 大修理停用的固定资产

    C. 月内增加的固定资产   D. 月内减少的固定资产

    3. 户外广告的发布成本有_____。

A. 框架制作费
B. 阵地费
C. 户外广告登记费
D. 广告画面制作费

4. 采用售价金额核算法,月末需要调整的账户有_____。

A. "库存商品"
B. "商品进销差价"
C. "主营业务收入"
D. "主营业务成本"

5. 企业采用权益法核算时,当被投资企业_____时,应增加长期股权投资。

A. 实现了净利润
B. 资本溢价
C. 收到现金股利
D. 宣告分派现金股利

6. 债券发行价格除了要考虑票面利率和市场利率外,还要考虑的因素有_____。

A. 到期偿还本金以市场利率换算的现值

B. 到期偿还本金以票面利率换算的现值

C. 按市场利率计算各期支付利息的现值

D. 按票面利率计算各期支付利息的现值

7. 永久性差异有_____等内容。

A. 国债利息收入
B. 职工薪酬超过计税薪酬
C. 计提的减值准备
D. 对外投资分回利润

8. 通过对资产负债表的分析,可以了解企业的资产、负债和所有者权益的结构是否合理、企业的财务实力是否雄厚、_____等。

A. 短期偿债能力的强弱
B. 盈利能力的高低
C. 所有者持有权益的多少
D. 财务状况的发展趋势

四、分录题(每题 2 分,第 18 题 4 分,共 42 分)

上海大光明宾馆商场部采用售价金额核算法,现发生下列经济业务:

(1) 餐厅部购进精白面粉 600 千克,每千克 4.20 元,运费 100 元;条虾 50 千克,每千克 80 元,分别由仓库和厨房验收无误,账款均签发转账支票付讫。

(2) 餐厅部转来销货日报表,列明应收金额 15 765 元,收款台转来收款日报表,列明实收金额 15 755 元,其中:现金 9 755 元,信用卡签购单 6 000 元,现金和信用卡签购单均已解存银行,信用卡结算手续费率为 9‰。短缺款原因待查。

(3) 客房部采取先收款后住店的方式,该部送来"营业收入日报表",表中"营业收入"栏内房金为 12 400 元,饮料为 460 元;"预收房金"栏内本日应收金额为 12 560 元,本日交付金额为 12 900 元,其中:现金 7 500 元,转账支票 5 400 元,现金和转账支票均已存入银行。

(4) 经理室报废坐椅 2 只,每只原值 200 元,已摊销了 50%,残料出售,收入现金共 30 元。

(5) 购进锅炉 1 只,价值 30 000 元,运杂费 500 元,款项一并以支票付讫,锅炉已交付安装公司安装。

(6) 锅炉安装完毕,支付开达安装公司安装费 1 000 元,锅炉已达到预定可使用状态,并验收使用。

(7) 商场部向申华食品厂购进商品一批,进价金额 30 000 元,增值税额 5 100 元,款项以支票付讫。商品的售价为 40 000 元,由食品柜验收。

(8) 食品柜月末盘点清查发现克宁奶粉 100 听已近保质期,经批准每听削价到 35.10 元,该奶粉每听原售价为 66 元,增值税税率为 17%,估计销售费用为 0.60 元,成本为 48 元。

(9) 年初,从安阳公司股东中购入该公司 40%的股权,取得了对安阳公司的共同控制权,而对价付出资产的账面价值为 3 350 000 元,其中:固定资产 1 000 000 元,已提折旧 150 000 元,其公允价值为 848 000 元,其余 2 500 000 元签发转账支票付讫。

(10) 安阳公司接受本宾馆投资后,可辨认净资产公允价值为 8 400 000 元,按本宾馆享有 40%的份额予以调整。

(11) 分配本月份发放的职工薪酬 125 000 元,其中:经营人员 98 000 元,管理人员 27 000 元。

(12) 按上列人员工资总额的 14%、2%、1.5%、3%、2%和 7%分别计提职工福利费、工会经费、职工教育经费、养老保险费、失业保险费和住房公积金。

(13) 旅游部系地接社,根据各组团社的"旅游团费拨款结算通知单"编制的"旅游费用汇总表"列示:综合服务费、住宿费、午餐和晚餐费、车费、全程交通费共计 262 000 元,游江费和地方风味费 23 800 元,全程陪同费用 9 000 元,予以入账。

(14) 旅游部在接待哈尔滨旅行社旅游团过程中,共支出 98 100,其中:住宿费 45 020 元,餐饮费 22 200 元,车费 20 800 元,风味小吃费 9 000 元,支付全程陪同费 1 080 元,款项一并签发转账支票支付。

(15) 年初签发转账支票支付全年财产保险费 48 000 元,摊销应由本月份负担的部分,经营部门负担 75%,行政管理部门负担 25%。

(16) 商场部月末"库存商品——食品柜"账户余额为 188 000 元,"商品进销差价——食品柜"账户余额为 97 536 元,"主营业务收入——商品销售业务——食品柜"账户余额为 196 000 元,用差价率推算法调整主营业务成本。

(17) 预计本月份实现利润 45 000 元,按 25%税率预交本月份所得税。

(18) 本年实现利润总额 540 000 元,发生业务招待费 20 000 元,非广告性赞助支出 12 000 元,国债利息收入 5 000 元;"递延所得税负债"账户余额为 15 000 元,"递延所得税资产"账户余额为 6 680 元;影响计税基础的有关账户余额为:坏账准备4 600元,固定资产减值准备10 800元;"无形资产"账户有自行开发的非专利技术120 000元,已摊销了72 000元,按25%税率确认本年度所得税额。前11个月已计提了所得税额120 500元,清算本年度应交所得税额(列出算式)。

(19)按净利润406 900元的60%的比例分配给投资者,其中国家投资75%,华南公司投资25%。

(20)经批准将资本公积40 000元、法定盈余公积120 000元转增资本。

五、计算题(8分)

1. 根据下列资料,任选一种加速折旧法计提折旧(3分)。

面包车1辆,原始价值72 000元,预计使用寿命4年,净残值3 600元。

2. 根据下列资料,用销售毛利率法确定菜肴的售价(2分)。

清炒鳝背的成本为45元,其销售毛利率为40%。

清炒鳝背售价=＿＿＿＿＿＿＿＿＿＿＿＿＿＿＿＿＿＿＿

3. 根据下列资料计算现金流量表项目的金额(3分)。

利润表"营业成本"项目为98 800元,"应交税费——应交增值税——进项税额"账户净发生额为10 370元;"销售费用——物料消耗"明细账户净发生额为1 650元;"管理费用——低值易耗品摊销"明细账户净发生额为1 720元。资产负债表"存货"项目的年初余额为271 000元,年末余额为288 500元;"应付票据"和"应付账款"项目的期初余额分别为9 000元和90 000元,期末余额分别为10 500元和100 000元;"存货跌价准备"账户借、贷方发生额分别为2 500元和3 000元。

购买商品、接受劳务支付的现金=＿＿＿＿＿＿＿＿＿＿＿＿＿＿＿

六、综合题(8分)

天明宾馆2012年发现2011年多计营业部门固定资产折旧费108 000元,该宾馆的所得税税率为25%,宾馆分别按净利润的10%和5%计提法定盈余公积和任意盈余公积,编制相关项目的调整分录,并对2012年的资产负债表进行调整和重述。

解　答

第一章　总　论

判　断　题

一、是非题

1. 对　2. 错　3. 错　4. 错　5. 对　6. 对　7. 错　8. 错　9. 错　10. 对

二、单项选择题

1. C　2. A　3. B　4. C

三、多项选择题

1. ABC　2. ABCD　3. ABD　4. ACD　5. AD

第二章 货币资金和结算业务

判 断 题

一、是非题

1. 对 2. 错 3. 对 4. 错 5. 错 6. 对 7. 错 8. 错 9. 对 10. 错

二、单项选择题

1. A 2. B 3. A 4. C 5. D

三、多项选择题

1. ACD 2. ACD 3. ABCD 4. BC 5. ABCD 6. ABDEH 7. ABDE

练 习 题

练习题一 练习货币资金的核算

1. 编制会计分录如图表题解 2-1 所示。

图表题解 2-1

会 计 分 录

2012年 月	日	凭证编号	摘 要	科目及子细目	借 方	贷 方
6	2	(1)	提现	库存现金 　银行存款——人民币户	1 500.00	1 500.00
	2	(2)	拨付定额备用金	备用金——采购员 　库存现金	800.00	800.00
	5	(3)	客房收入解存银行	银行存款——人民币户 　主营业务收入	16 000.00	16 000.00
	10	(4)	进口健身器材一套,价值12 500美元	固定资产 　银行存款——美元户	80 000.00	80 000.00

(续表)

2012年		凭证编号	摘　　要	科目及子细目	借　方	贷　方
月	日					
6	13	(5)	向开户银行兑入5 000美元	银行存款——美元户 　银行存款——人民币户	32 100.00	32 100.00
	14	(6)	支付外方管理人员工资5 000美元	应付职工薪酬——工资 　银行存款——美元户	32 000.00	32 000.00
	16	(7)	餐饮收入解存银行	银行存款——人民币户 　主营业务收入	22 000.00	22 000.00
	24	(8)	归还前欠账款6 000美元	应付账款——灯具进出口公司 　银行存款——美元户	38 400.00	38 400.00
	28	(9)	收到代兑手续费	银行存款——人民币户 　营业外收入	980.00	980.00
	30	(10)	调整汇率转账	财务费用——汇兑损失 　银行存款——美元户	230.00	230.00

2. 登记"银行存款日记账"如图表题解 2-2 所示。

图表题解 2-2

银行存款日记账(美元户)

2012年		凭证号数	摘要	借　方			贷　方			余　额		
月	日			原币	汇率	人民币	原币	汇率	人民币	原币	汇率	人民币
6	1		余额							25 000.00	6.40	160 000.00
	10	(4)	进口健身器材1套				12 500.00	6.40	80 000.00	12 500.00		80 000.00
	13	(5)	兑入美元	5 000.00	6.42	32 100.00				17 500.00		112 100.00
	14	(6)	支付外方人员工资				5 000.00	6.40	32 000.00	12 500.00		80 100.00
	24	(8)	归还前欠账款				6 000.00	6.40	38 400.00	6 500.00		41 700.00
	30	(10)	调整汇率转账						230.00	6 500.00	6.38	41 470.00

练习题二　练习同城转账结算的核算

编制会计分录如图表题解 2-3 所示。

图表题解 2-3

会　计　分　录

2012年 月	日	凭证编号	摘　要	科目及子细目	借　方	贷　方
3	2	1	购进香菇 50 千克,@ 68 元	原材料 　银行存款	3 400.00	3 400.00
	3	2	申请并取得银行本票	其他货币资金——银行本票 　银行存款	1 000.00	1 000.00
	4	3	购入大闸蟹由厨房验收	主营业务成本 　其他货币资金——银行本票	1 000.00	1 000.00
	6	4	购入烟酒一批	原材料 　应付票据——上海烟酒公司	24 000.00	24 000.00
	9	5	销售烟酒一批	应收票据 　主营业务收入	16 000.00	16 000.00
	12	6	取得各种服务收入	银行存款 其他货币资金——银行本票 　主营业务收入	12 500.00 5 500.00	18 000.00
	13	7	支付前欠货款	应付账款——青峰副食品店 　其他货币资金——银行本票	5 500.00	5 500.00
	16	8	兑付商业汇票票款	应付票据——面值 应付票据——利息 财务费用——利息支出 　银行存款	18 000.00 162.00 54.00	18 216.00
	18	9	信用卡存款开户	其他货币资金——信用卡存款 财务费用 　银行存款	20 000.00 40.00	20 040.00
	20	10	购入鱼、肉、禽、蛋、副食品,由厨房验收	主营业务成本 　其他货币资金——信用卡存款	7 560.00	7 560.00
	24	11	商业汇票贴现	银行存款 财务费用——利息支出 应收票据	16 038.99	38.99 16 000.00
	30	12	服务收入解行,支付手续费	银行存款 财务费用 　主营业务收入	21 946.00 54.00	22 000.00

练习题三　练习同城、异地转账结算的核算

编制会计分录如图表题解 2-4 所示。

图表题解 2-4

会 计 分 录

2011年 月	日	凭证编号	摘　要	科目及子细目	借　方	贷　方
11	4	1	申请并取得银行汇票	其他货币资金——银行汇票 　银行存款	4 000.00	4 000.00
	9	2	收到预订客房款	银行存款 　应收账款——河北贸易公司	2 000.00	2 000.00
	10	3	购进香菇,以银行汇票支付,余额尚未退回	原材料 应收账款——福建土特产公司 　其他货币资金——银行汇票	3 780.00 220.00	4 000.00
	11	4	购入鱼翅入库	原材料 　银行存款	10 300.00	10 300.00
	12	5	银行转来多余款收账通知	银行存款 　应收账款——福建土特产公司	220.00	220.00
	12	6	函购火锅调料,汇出款项	应付账款——四川调味品厂 　银行存款	2 500.00	2 500.00
	16	7	用信用卡结算客房款	银行存款 财务费用 　主营业务收入	4 955.00 45.00	5 000.00
	18	8	客房收入入账,并退还预订客房余款	应收账款——河北贸易公司 　主营业务收入 　库存现金	2 000.00	1 900.00 100.00
	24	9	函购的火锅调料入库,并收到退回的余款	银行存款 原材料 　应付账款——四川调味品厂	200.00 2 300.00	2 500.00
	26	10	购入台球桌一张	固定资产 　应付票据	20 000.00	20 000.00
	28	11	取得客房收入	银行存款 其他货币资金——银行汇票 　主营业务收入	19 000.00 2 500.00	21 500.00
	30	12	归还前欠账款	应付账款——大华超市 　其他货币资金——银行汇票	2 500.00	2 500.00

练习题四　练习编制银行存款余额调节表

编制银行存款余额调节表如图表题解 2-5 所示。

图表题解 2-5

银行存款余额调节表

2011 年 3 月 31 日

项　目	金　额	项　目	金　额
银行存款日记账余额	23 392.00	银行对账单余额	26 956.00
加：银行已收企业未收款项 　电汇　　团体旅游费	6 200.00	加：企业已收银行未收款项 　转支#42312　营业款	8 900.00
减：银行已付企业未付款项 　委托收款　电话费	1 036.00	减：企业已付银行未付款项 　银行汇票　支付房费	7 300.00
调节后余额	28 556.00	调节后余额	28 556.00

第三章 存 货

判 断 题

一、是非题

1. 错 2. 对 3. 错 4. 错 5. 对 6. 错 7. 对 8. 对

二、单项选择题

1. C 2. A 3. C

三、多项选择题

1. ACD 2. ABD 3. ACD 4. CD

练 习 题

练习题一 练习原料及主要材料和燃料的核算

会 计 分 录

2012年 月	日	凭证号数	摘 要	科目及子细目	借方金额	贷方金额
6	1	1	购进干贝	在途物资——干贝 银行存款	21 060.00	21 060.00
		2	干贝验收入库	原材料——原料及主要材料——干货类 在途物资——干贝	21 060.00	21 060.00
	5	3	购进面粉1000千克,并支付面粉运费	原材料——原料及主要材料——粮食类 应付账款——丰登粮店 库存现金	4 530.00	4 500.00 30.00
	8	4	购进黄鱼20千克,由厨房验收领用	主营业务成本——餐饮业务 银行存款	800.00	800.00
	15	5	购进煤5吨	原材料——燃料——煤类 银行存款	5 000.00	5 000.00

（续表）

2012年		凭证号数	摘要	科目及子细目	借方金额	贷方金额
月	日					
6	25	6	领用的粮食类材料、干菜类材料转账	主营业务成本——餐饮业务	24 800.00	
				原材料——原料及主要材料——粮食类		7 600.00
				原材料——原料及主要材料——干菜类		17 200.00
	27	7-1	盘缺面粉10千克	待处理财产损溢——待处理流动资产损溢	45.00	
				原材料——原料及主要材料——粮食类		45.00
	27	7-2	盘溢香菇0.5千克	原材料——原料及主要材料——干菜类	39.00	
				待处理财产损溢——待处理流动资产损溢		39.00
	29	8-1	短缺面粉予以转账	营业外支出——盘亏损失	45.00	
				待处理财产损溢——待处理流动资产损溢		45.00
		8-2	溢余香菇予以转账	待处理财产损溢——待处理流动资产损溢	39.00	
				营业外收入——盘盈利得		39.00
	30	9	各部门耗用煤，予以转账	主营业务成本	4 000.00	
				管理费用	500.00	
				原材料——燃料——煤类		4 500.00

练习题二　练习原材料成本的计算和结转

1. 按个别计价法计算如图表题解 3-1 所示。

图表题解 3-1

个别计价法计算原材料成本

销售日期	销售批次	原材料销售数量	成本单价	原材料销售成本
(1)	(2)	(3)	(4)	(5)=(3)×(4)
4月2日	0802	300	4.20	1 260.00
4月8日	0802	200	4.20	840.00
	0901	200	4.25	850.00
4月14日	0901	200	4.25	850.00
4月18日	0901	100	4.25	425.00
	0902	400	4.28	1 712.00
4月25日	0903	400	4.30	1 720.00
合　计		1 800		7 657.00

根据计算的结果作分录:

借:主营业务成本　　　　　　　　　　　　　　　　　7 657.00

　　贷:原材料——原料及主要材料——粮食类　　　　　　7 657.00

2. 按加权平均法计算如图表题解 3-2 所示。

图表题解 3-2

原材料明细分类账

品名:精白面粉　　　　　　规格:　　　　　　计量单位:千克

金额单位:元

2012 年		凭证号数	摘要	收　入			发　出			结　存		
月	日			数量	单价	金　额	数量	单价	金　额	数量	单价	金　额
4	1		余额							500	4.20	2 100.00
	2	1	发出				300			200		
	6	2	购进	500	4.25	2 125.00				700		
	8	3	发出				400			300		
	14	4	发出				200			100		
	17	5	购进	700	4.28	2 996.00				800		
	18	6	发出				500			300		
	24	7	购进	500	4.30	2 150.00				800		
	25	8	发出				400			400		
	30	9	结转成本						7 667.20	400	4.259 5	1 703.80
4	30		本月合计	1 700		7 271.00	1 800		7 667.20	400	4.259 5	17 03.80

加权平均单价 $=\dfrac{2\,100+7\,271}{500+1\,700}=4.259\,5$(元)

期末原材料实际成本 $=400\times4.259\,5=1\,703.80$(元)

本期原材料发出成本 $=2\,100+7\,271-1\,703.80=7\,667.20$(元)

根据计算结果作分录:

借:主营业务成本　　　　　　　　　　　　　　　　　7 667.20

　　贷:原材料——原料及主要材料——粮食类　　　　　　7 667.20

3. 按先进先出法(顺算成本)计算如图表题解 3-3 所示。

图表题解 3-3

原材料明细分类账

品名：精白面粉　　　　　规格：计量单位：千克　　　　　金额单位：元

2012 年		凭证号数	摘要	收	入		发	出		结	存	
月	日			数量	单价	金 额	数量	单 价	金 额	数量	单 价	金 额
4	1		余额							500	4.20	2 100.00
	2	1	发出				300	4.20	1 260.00	200	4.20	840.00
	6	2	购进	500	4.25	2 125.00				700	200×4.20 500×4.25	2 965.00
	8	3	发出				400	200×4.20 200×4.25	1 690.00	300	4.25	1 275.00
	14	4	发出				200	4.25	850.00	100	4.25	425.00
	17	5	购进	700	4.28	2 996.00				800	100×4.25 700×4.28	3 421.00
	18	6	发出				500	100×4.25 400×4.28	2 137.00	300	4.28	1 284.00
	24	7	购进	500	4.30	2 150.00				800	300×4.28 500×4.30	3 434.00
	25	8	发出				400	300×4.28 100×4.30	1 714.00	400	4.30	1 720.00
4	30		本月合计	1 700		7 271.00	1 800		7 651.00	400	4.30	1 720.00

根据计算结果作分录：

借：主营业务成本　　　　　　　　　　　　　　　　　7 651.00

贷：原材料——原料及主要材料——粮食类　　　　　　　　7 651.00

练习题三　练习物料用品的核算

编制会计分录如图表题解 3-4 所示。

图表题解 3-4

会 计 分 录

2011年 月	日	凭证号数	摘 要	科目及子细目	借方金额	贷方金额
5	1	1	订购纪念钥匙圈	预付账款——城南工厂	2 160.00	
				银行存款		2 160.00
	2	2	购入肥皂	原材料——物料用品——肥皂	52.80	
				库存现金		52.80
	6	3	购入餐具	原材料——物料用品——餐具	900.00	
				银行存款		900.00
	12	4	纪念钥匙圈入库	原材料——物料用品——钥匙圈	5 616.00	
				预付账款——城南工厂		2 160.00
				银行存款		3 456.00
	16	5	购入毛巾、梳子	原材料——物料用品——毛巾	1 600.00	
				原材料——物料用品——梳子	500.00	
				银行存款		2 100.00
	24	6	购入日光灯管	原材料——物料用品——日光灯管	320.00	
				应付账款		320.00
	31	7	耗用物料用品转账	销售费用——物料消耗	1 840.00	
				管理费用——公司经费	58.00	
				原材料——物料用品		1 898.00

练习题四　练习低值易耗品的核算

编制会计分录如图表题解 3-5 所示。

图表题解 3-5

会 计 分 录

2012年 月	日	凭证号数	摘 要	科目及子细目	借方金额	贷方金额
4	1	1	购入玻璃酒杯,已验收入库	低值易耗品——库存低值易耗品	1 750.00	
				银行存款		1 750.00
	5	2	餐厅领用玻璃酒杯	销售费用——低值易耗品摊销	875.00	
				低值易耗品——库存低值易耗品		875.00
	12	3	购入台灯,已验收入库	低值易耗品——库存低值易耗品	1 720.00	
				银行存款		1 720.00

（续表）

2012年		凭证号数	摘　要	科目及子细目	借方金额	贷方金额
月	日					
4	16	4	购进计算器	低值易耗品——库存低值易耗品	2 400.00	
				银行存款		2 400.00
	20	5-1	客房部领用台灯20只	低值易耗品——在用低值易耗品	1 720.00	
				低值易耗品——库存低值易耗品		1 720.00
		5-2	台灯按五五摊销法摊销	销售费用——低值易耗品摊销	860.00	
				低值易耗品——低值易耗品摊销		860.00
	24	6	出售大厅旧吊扇10只	银行存款	500.00	
				低值易耗品——低值易耗品摊销	900.00	
				销售费用——低值易耗品摊销	400.00	
				低值易耗品——在用低值易耗品		1 800.00
	26	7	支付客房灯具修理费	销售费用——修理费	200.00	
				库存现金		200.00
	28	8-1	财会部门领用计算器8只	低值易耗品——在用低值易耗品	1 920.00	
				低值易耗品——库存低值易耗品		1 920.00
		8-2	计算器按五五摊销法摊销	管理费用——低值易耗品摊销	960.00	
				低值易耗品——低值易耗品摊销		960.00

第四章 固定资产、无形资产和 长期待摊费用

判 断 题

一、是非题

1. 错 2. 对 3. 对 4. 错 5. 错 6. 错 7. 错 8. 对 9. 错 10. 错 11. 对 12. 错

二、单项选择题

1. C 2. D 3. B 4. D

三、多项选择题

1. BD 2. BD 3. BCD 4. ABC 5. ACD 6. BD

练 习 题

练习题一 练习固定资产取得的核算

编制会计分录如图表题解 4-1 所示。

图表题解 4-1

会 计 分 录

2012年 月	2012年 日	凭证 号数	摘 要	科目及子细目	借方金额	贷方金额
4	5	1	购入钢琴一架，验收使用	固定资产——经营用固定资产 银行存款	48 200.00	48 200.00
	11	2	购入需安装的中央空调	工程物资 银行存款	153 000.00	153 000.00
	16	3	领用中央空调安装	在建工程——安装中央空调 工程物资	153 000.00	153 000.00

（续表）

2012年		凭证号数	摘 要	科 目 及 子 细 目	借方金额	贷方金额
月	日					
4	20	4	接受投资大卡车3辆	固定资产——经营用固定资产 实收资本	300 000.00	300 000.00
	25	5	支付中央空调安装费	在建工程——安装中央空调 银行存款	1 800.00	1 800.00
	26	6	中央空调安装完毕，验收使用	固定资产——经营用固定资产 在建工程——安装空调工程	154 800.00	154 800.00
	30	7	接受捐赠电脑2台	固定资产——经营用固定资产 营业外收入 银行存款	18 500.00	18 000.00 500.00

练习题二　练习固定资产折旧的核算

1. 用平均年限法计算固定资产月折旧额如图表题解 4-2 所示。

图表题解 4-2

固定资产折旧计算表

固定资产名称	计量单位	数量	原始价值	预计使用寿命	预计净残值率(%)	月折旧额	使用部门
营业大厅	间	1	480 000	30	5	1 266.67	业务
办公室	间	1	156 000	30	5	411.67	行政管理
大客车	辆	1	120 000	8	5	1 187.50	业务
复印机	台	1	18 000	5	5	285.00	行政管理
电脑	台	1	12 000	4	4	240.00	业务
合　计			786 000			3 390.84	

2. 编制会计分录如图表题解 4-3 所示。

图表题解 4-3

会 计 分 录

2012年		凭证号数	摘 要	科 目 及 子 细 目	借方金额	贷方金额
月	日					
3	15	(1)	购入电脑1台，已验收入库	固定资产——经营用固定资产 银行存款	6 000.00	6 000.00
	31	(2)	计提固定资产折旧	销售费用——折旧费 管理费用——折旧费 累计折旧	2 739.17 651.67	3 390.84

(续表)

2012年		凭证号数	摘　要	科目及子细目	借方金额	贷方金额
月	日					
4	30	(3)	计提固定资产折旧	销售费用——折旧费	2 739.17	
				管理费用——折旧费	771.67	
				累计折旧		3 510.84

3. 用双倍余额递减法计算固定资产折旧

(1) 计算复印机各年应提折旧额如图表题解 4-4 所示。

图表题解 4-4

双倍余额递减法折旧计算表

年　次	年初固定资产净值	双倍直线折旧率(%)	折旧额	累　计折旧额	年末固定资产净值
1	18 000.00	40	7 200.00	7 200.00	10 800.00
2	10 800.00	40	4 320.00	11 520.00	6 480.00
3	6 480.00	40	2 592.00	14 112.00	3 888.00
4	3 888.00	—	1 494.00	15 606.00	2 394.00
5	2 394.00	—	1 494.00	17 100.00	900.00

说明：双倍直线折旧率 $=\frac{1}{5}\times100\%\times2=40\%$

第4、第5年折旧 $=(3\,888-900)\div2=1\,494(元)$

(2) 计算电脑各年应提折旧额如图表题解 4-5 所示。

图表题解 4-5

双倍余额递减法折旧计算表

年　次	年初固定资产净值	双倍直线折旧率(%)	折旧额	累　计折旧额	年末固定资产净值
1	12 000.00	50	6 000.00	6 000.00	6 000.00
2	6 000.00	50	3 000.00	9 000.00	3 000.00
3	3 000.00	—	1 260.00	10 260.00	1 740.00
4	1 740.00	—	1 260.00	11 520.00	480.00

说明：双倍直线折旧率 $=\frac{1}{4}\times100\%\times2=50\%$

第3、第4年折旧 $=(3\,000-480)\div2=1\,260(元)$

4. 用年数总和法计算固定资产折旧

（1）计算复印机各年应提折旧额如图表题解 4-6 所示。

图表题解 4-6

年数总和法折旧计算表

年次	原始价值减预计残值	尚可使用年数	折旧率	折 旧 额	累计折旧
1	17 100.00	5	$\frac{5}{15}$	5 700.00	5 700.00
2	17 100.00	4	$\frac{4}{15}$	4 560.00	10 260.00
3	17 100.00	3	$\frac{3}{15}$	3 420.00	13 680.00
4	17 100.00	2	$\frac{2}{15}$	2 280.00	15 960.00
5	17 100.00	1	$\frac{1}{15}$	1 140.00	17 100.00

（2）计算电脑各年应提折旧额如图表题解 4-7 所示。

图表题解 4-7

年数总和法折旧计算表

年次	原始价值减预计残值	尚可使用年数	折旧率	折 旧 额	累计折旧
1	11 520.00	4	$\frac{4}{10}$	4 608.00	4 608.00
2	11 520.00	3	$\frac{3}{10}$	3 456.00	8 064.00
3	11 520.00	2	$\frac{2}{10}$	2 304.00	10 368.00
4	11 520.00	1	$\frac{1}{10}$	1 152.00	11 520.00

练习题三 练习固定资产处置的核算

编制会计分录如图表题解 4-8 所示。

图表题解 4-8

会 计 分 录

2012年 月	日	凭证号数	摘　　要	科 目 及 子 细 目	借方金额	贷方金额
1	2	1	准备出售卡车转账	固定资产清理——出售卡车	37 000.00	
				累计折旧	60 000.00	
				固定资产减值准备	3 000.00	
				固定资产——经营用固定资产		100 000.00
	5	2	出售卡车收入	银行存款	35 000.00	
				固定资产清理——出售卡车		35 000.00
	6	3	出售卡车净损失转账	营业外支出——非流动资产处置损失	2 000.00	
				固定资产清理——出售卡车		2 000.00
	10	4	准备出售复印机	固定资产清理——出售复印机	9 000.00	
				累计折旧	6 000.00	
				固定资产——经营用固定资产		15 000.00
	12	5	出售复印机收入	银行存款	9 500.00	
				固定资产清理——出售复印机		9 500.00
	14	6	出售复印机净收益	固定资产清理——出售复印机	500.00	
				营业外收入——非流动资产处置利得		500.00
	16	7-1	拨付房屋投资奉贤饭店转账	固定资产清理——房屋拨付投资	324 000.00	
				累计折旧	36 000.00	
				固定资产——经营用固定资产		360 000.00
		7-2	房屋拨付奉贤饭店	长期股权投资	330 000.00	
				固定资产清理——房屋拨付投资		324 000.00
				营业外收入——非流动资产处置利得		6 000.00
	18	8-1	拨付厨房设备投资奉贤饭店转账	固定资产清理——厨房设备拨付投资	65 000.00	
				累计折旧	12 000.00	
				固定资产减值准备	3 000.00	
				固定资产——经营用固定资产		80 000.00
		8-2	厨房设备拨付奉贤饭店	长期股权投资	64 000.00	
				营业外支出——非流动资产处置损失	1 000.00	
				固定资产清理——厨房设备拨付投资		65 000.00
	20	9	报废清理仓库一座	固定资产清理——清理报废仓库	10 000.00	
				累计折旧	188 000.00	
				固定资产减值准备	2 000.00	
				固定资产——经营用固定资产		200 000.00

（续表）

2012年		凭证号数	摘　要	科目及子细目	借方金额	贷方金额
月	日					
1	25	10	支付仓库处置费用	固定资产清理——清理报废仓库 　　银行存款	10 000.00	10 000.00
	30	11	出售清理仓库残料	银行存款 　　固定资产清理——清理报废仓库	15 000.00	15 000.00
	31	12	报废仓库净损失入账	营业外支出——非流动资产处置损失 　　固定资产清理——清理报废仓库	5 000.00	5 000.00

练习题四　练习固定资产折旧、后续支出、清查和减值的核算

编制会计分录如图表题解 4-9 所示。

图表题解 4-9

会 计 分 录

2012年		凭证号数	摘　要	科目及子细目	借方金额	贷方金额
月	日					
1	2	1	将改扩建客房转账	在建工程——改扩建客房 累计折旧 　　固定资产——经营用固定资产	700 000.00 300 000.00	1 000 000.00
	15	2	支付改扩建客房款	在建工程——改扩建客房 银行存款	500 000.00	500 000.00
	30	3	改扩建客房竣工验收使用	固定资产——经营用固定资产 　　在建工程——经营用固定资产	1 200 000.00	1 200 000.00
	31	4	计提本月固定资产折旧	销售费用——折旧费 管理费用——折旧费 　　累计折旧	13 964.17 2 660.83	16 625.00
2	5	5	支付大客车大修理费	销售费用——修理费 　　银行存款	22 000.00	22 000.00
	12	6	支付管理设备修理费用	管理费用——修理费 　　银行存款	1 800.00	1 800.00
	20	7	盘盈电脑 1 台	固定资产——经营用固定资产 待处理财产损溢——待处理固定资产损溢	3 600.00	3 600.00

（续表）

2012年 月	日	凭证 号数	摘　要	科 目 及 子 细 目	借方金额	贷方金额
2	22	8	盘亏小汽车 1辆	待处理财产损溢——待处理固定资产损溢	7 000.00	
				累计折旧	88 000.00	
				固定资产减值准备	5 000.00	
				固定资产——经营用固定资产		100 000.00
	24	9	转销盘盈 电脑	待处理财产损溢——待处理固定资产损溢	3 600.00	
				营业外收入——盘盈利得		3 600.00
	26	10	转销盘亏小 汽车	营业外支出——盘亏损失	7 000.00	
				待处理财产损溢——待处理固定资产损溢		7 000.00
	28	11	计提本月固 定资产折旧	销售费用——折旧费	14 360.84	
				管理费用——折旧费	2 660.83	
				累计折旧		17 021.67
	28	12	计提电脑减 值准备	资产减值损失——固定资产减值损失	1 800.00	
				固定资产减值准备		1 800.00

练习题五　练习无形资产和长期待摊费用的核算

编制会计分录如图表题解 4-10 所示。

图表题解 4-10

会 计 分 录

2012年 月	日	凭证 号数	摘　要	科 目 及 子 细 目	借方金额	贷方金额
2	20	1	购入土地使用权	无形资产——土地使用权	540 000.00	
				银行存款		540 000.00
	28	2	分配管理专有技术 研究人员工资,并计 提福利费	研发支出——费用化支出	4 560.00	
				应付职工薪酬——工资		4 000.00
				应付职工薪酬——职工福利		560.00
		3	结转无形资产费用 化支出	管理费用	4 560.00	
				研发支出——费用化支出		4 560.00
3	2	4	管理专有技术开发 阶段领用材料和计 提折旧	研发支出——资本化支出	5 120.00	
				原材料		4 640.00
				累计折旧		480.00

（续表）

2012年 月	日	凭证号数	摘　要	科目及子细目	借方金额	贷方金额
3	10	5	支付参与开发管理专有技术企业费用	研发支出——资本化支出 　银行存款	40 000.00	40 000.00
	31	6	分配开发人员工资,计提福利费	研发支出——资本化支出 　应付职工薪酬——工资 　应付职工薪酬——职工福利	36 480.00	32 000.00 4 480.00
		7	管理专有技术开发成功,予以转账	无形资产——非专利技术 　研发支出——资本化支出	81 600.00	81 600.00
4	5	8	接受商标权投资	无形资产——商标权 　实收资本	150 000.00	150 000.00
	10	9	出售土地使用权	银行存款 累计摊销 　应交税费——应交营业税 　无形资产——土地使用权 　营业外收入——非流动资产处置利得	480 000.00 205 000.00	24 000.00 600 000.00 61 000.00
	15	10	用专利权投资	长期股权投资——其他股权投资 累计摊销 营业外支出——非流动资产处置损失 　无形资产——专利权	90 000.00 58 500.00 1 500.00	150 000.00
	20	11	出租专有技术	银行存款 　其他业务收入——出租无形资产	76 000.00	76 000.00
	30	12	分配支出专有技术人员工资及福利费	其他业务成本——出租无形资产 　应付职工薪酬——工资 　应付职工薪酬——职工福利	3 990.00	3 500.00 490.00
		13	计提营业税	其他业务成本——出租无形资产 　应交税费——应交营业税	3 800.00	3 800.00
		14	摊销本月无形资产	管理费用——无形资产摊销 　累计摊销——土地使用权 　累计摊销——商标权 　累计摊销——非专利技术	3 600.00	1 500.00 1 250.00 850.00
		15	计提无形资产减值准备	资产减值损失——无形资产减值损失 　无形资产减值准备	10 000.00	10 000.00
	30	16	支付房屋改建客房费用	长期待摊费用——租入固定资产改良支出 　银行存款	120 000.00	120 000.00
5	31	17	摊销房屋改建客房支出	销售费用 　长期待摊费用——租入固定资产改良支出	1 250.00	1 250.00

第五章　旅游经营业务

判　断　题

一、是非题

1. 错　2. 对　3. 错　4. 对　5. 错　6. 对　7. 错

二、单项选择题

1. A　2. C

三、多项选择题

1. CD　2. ABC

练　习　题

练习题一　练习旅行社经营业务收入的核算

1. 上海新光国际旅行社编制会计分录如图表题解 5-1 所示。

图表题解 5-1

会 计 分 录

2011年 月	日	凭证 号数	摘　要	科 目 及 子 细 目	借方金额	贷方金额
12	5	(1)	收取 A2235 旅行团旅游费	银行存款 　　预收账款	666 400.00	666 400.00
	12	(2)	收取 B1198 旅游团旅游费	银行存款 　　预收账款	273 600.00	273 600.00
	16	(3)	B1198 旅游团旅客退团,扣除手续费后退还其余款	预收账款 　　主营业务收入——其他收入 　　库存现金	28 800.00	2 880.00 25 920.00
	19	(4)	A2235 旅游团返回,确认已实现的收入	预收账款 　　主营业务收入——组团外联收入	666 400.00	666 400.00
	22	(5)	收取 A2236 旅游团旅游费	银行存款 　　预收账款	571 200.00	571 200.00

（续表）

2011年		凭证号数	摘　要	科目及子细目	借方金额	贷方金额
月	日					
12	26	(6)	B1198旅游团返回确认已实现的收入	预收账款 主营业务收入	244 800.00	244 800.00
	31	(7)	确认A2236旅游团本月份实现的收入	预收账款 主营业务收入——组团外联收入	317 333.33	317 333.33

2. 西安古城国际旅行社编制会计分录如图表题解 5-2 所示。

图表题解 5-2

会 计 分 录

2011年		凭证号数	摘　要	科目及子细目	借方金额	贷方金额
月	日					
9	8	(1)	收到美国入境的A1786旅游团旅游费	银行存款——美元户(18 000×6.25) 预收账款——美国旧金山旅行社	114 300.00	114 300.00
		(2)	A1786旅游团游程结束，确认已实现的收入	预收账款——美国旧金山旅行社 应收账款——美国旧金山旅行社 　　　　　(27 000×6.34) 主营业务收入——组团外联收入	114 300.00 171 180.00	285 480.00
		(3)	收到美国旧金山旅行社付来结欠的旅游费	银行存款——美元户(27 000×6.33) 财务费用——汇兑损失 应收账款——美国旧金山旅行社 　　　　　(27 000×6.34)	170 910.00 270.00	171 180.00

3. 中海旅行社编制会计分录如图表题解 5-3 所示。

图表题解 5-3

会 计 分 录

2011年		凭证号数	摘　要	科目及子细目	借方金额	贷方金额
月	日					
9	30	1	与各组团社结算旅游业务收入	应收账款——各组团社 主营业务收入——综合服务收入 主营业务收入——地游及加项收入 主营业务收入——劳务收入	294 530.00	263 110.00 22 200.00 9 220.00

练习题二　练习旅行社经营业务成本的核算

1. 上海新光国际旅行社编制的会计分录如图表题解 5-4 所示。

图表题解 5-4

会 计 分 录

2011年 月	日	凭证号数	摘　　要	科 目 及 子 细 目	借方金额	贷方金额
12	6	(1)	购买 A2235 旅游团中美往返机票款	主营业务成本 　银行存款	174 870.00	174 870.00
	8	(2)	汇付南加州旅行社 A2235 旅游团 40% 旅游费	预付账款——南加州旅行社（24 640 ×6.36） 　银行存款	156 710.40	156 710.40
	16	(3)	购买 B1198 旅游团沪昆往返机票	主营业务成本 　银行存款	68 000.00	68 000.00
	19	(4)	A2235 旅游团已返回，汇付南加州旅行社剩余旅游费并确认成本	主营业务成本 　预付账款——南加州旅行社 　银行存款	391 776.00	156 710.40 235 065.60
	23	(5)	购买 A2236 旅游团中美往返机票款	主营业务成本 　银行存款	151 000.00	151 000.00
	24	(6)	汇付南加州旅行社 A2236 旅游团 40% 旅游费	预付账款——南加州旅行社（21 250×6.36） 　银行存款	134 323.20	134 323.20
	31	(7)	B1198 旅游团已返回,结算日尚未收到对方账单,按计划成本入账	主营业务成本——综合服务成本 主营业务成本——地游及加项成本 主营业务成本——劳务成本 主营业务成本——其他服务成本 　应付账款——云南旅行社	182 440.00 13 100.00 4 800.00 660.00	201 000.00
		(8)	确认 A2236 旅游团本月份发生的成本	主营业务成本 　应付账款——南加州旅行社	275 600.00	275 600.00
2012 年 1	9 2		接到云南旅行社 B1198 旅游团账单,汇付账款	主营业务成本——综合服务成本 主营业务成本——地游及加项成本 主营业务成本——劳务成本 主营业务成本——其他服务成本 应付账款——云南旅行社 　银行存款	210.00 300.00 300.00 220.00 201 000.00	200 830.00

2. 云南旅行社编制的会计分录如图表题解 5-5 所示。

图表题解 5-5

会 计 分 录

2011年		凭证号数	摘　要	科 目 及 子 细 目	借方金额	贷方金额
月	日					
12	30	1	支付接待上海新光国际旅行社 B1198 旅游团费用	主营业务成本——综合服务成本 主营业务成本——地游及加项成本 主营业务成本——劳务成本 　银行存款	152 380.00 11 920.00 4 380.00	 168 680.00

第六章　饮食经营业务

判　断　题

一、是非题

1. 错　2. 错　3. 对　4. 错　5. 对　6. 对　7. 错

二、单项选择题

1. D　2. C

三、多项选择题

1. ACD　2. ABC　3. BCD

练　习　题

练习题一　练习委托加工材料的核算

编制会计分录如图表题解 6-1 所示。

图表题解 6-1

会　计　分　录

2011年 月	日	凭证 号数	摘　要	科目及子细目	借方金额	贷方金额
9	1	1	委托加工月饼馅料	委托加工物资——加工月饼馅料 原材料——原料及主要材料——粮食类 原材料——原料及主要材料——副食类 原材料——原料及主要材料——其他类	20 500.00	4 500.00 8 800.00 7 200.00
	3	2	送往盛昌食品厂杏仁及通心莲	委托加工物资——加工月饼馅料 原材料——原料及主要材料——干果类	12 800.00	12 800.00
	4	3	支付送货发生的运杂费	委托加工物资——加工月饼馅料 银行存款	250.00	250.00
	8	4	支付月饼加工费	委托加工物资——加工月饼馅料 银行存款	7 500.00	7 500.00

（续表）

2011年 月	日	凭证号数	摘 要	科目及子细目	借方金额	贷方金额
9	10	5	月饼馅料加工完成连同退回余料验收入库	原材料——原料及主要材料——月饼馅料	40 116.00	
				原材料——原料及主要材料——粮食类	450.00	
				原材料——原料及主要材料——其他类	144.00	
				原材料——原料及主要材料——干果类	340.00	
				委托加工物资——加工月饼馅料		41 050.00
	11	6	支付运回月饼馅料的运费	原材料——原料及主要材料——月饼馅料	200.00	
				银行存款		200.00

练习题二　练习原材料成本的核算

编制会计分录如图表题解 6-2 所示。

图表题解 6-2

会 计 分 录

2012年 月	日	凭证号数	摘 要	科目及子细目	借方金额	贷方金额
2	2	(1)	购进木耳 100 千克，@70 元	原材料——干货类	7 000.00	
				银行存款		7 000.00
	5	(2)	购进猪肉 500 千克，@36 元；肉鸡200 千克，@18元	原材料——副食类	21 600.00	
				应付票据——黄新副食品公司		21 600.00
	10	(3)	购进条虾 100 千克，@60 元；虾仁 50 千克，@80 元	原材料——副食类	10 000.00	
				银行存款		10 000.00
	12	(4)	购进味精等一批调味品	原材料——其他类(仓库)	2 000.00	
				银行存款		2 000.00
	16	(5)	购进大米1 200千克，@5.10 元；面粉1 400千克，@4.40元	原材料——粮食类——大米	6 120.00	
				原材料——粮食类——面粉	6 160.00	
				银行存款		12 280.00

（续表）

2012年 月	2012年 日	凭证号数	摘　要	科目及子细目	借方金额	贷方金额
2	28	(6)	结转耗用原材料成本	主营业务成本	63 735.00	
				原材料——粮食类——大米		6 540.00
				原材料——粮食类——面粉		6 695.00
				原材料——干货类		16 800.00
				原材料——其他类(仓库)		2 500.00
				原材料——副食类		31 100.00
				原材料——其他类(厨房)		100.00

练习题三　练习主配调料成本的计算

1. 净虾单位成本 $=\dfrac{10\times60}{8}=75$（元/千克）

2. 净笋单位成本 $=\dfrac{100\times18}{40}=45$（元/千克）

3. 鸡腿单位成本 $=\dfrac{100\times16-50\times0.26-63\times17.20-10\times26.60}{9}=26.38$（元/千克）

4. 净牛肉单位成本 $=\dfrac{100\times46-15\times9-8\times5}{72}=61.46$（元/千克）

练习题四　练习饮食制品售价的制定

1. 销售毛利率为 40% 时菜肴的价格

（1）每锅"佛跳墙"售价 $=\dfrac{0.5\times68+0.2\times150+0.2\times1\,800+0.2\times150+15}{1-40\%}=781.67$（元）

（2）每盘双菇炒冬笋售价 $=\dfrac{0.1\times45+0.1\times120+0.15\times20+1}{1-40\%}=34.17$（元）

（3）每盘清蒸鲥鱼售价 $=\dfrac{0.5\times200+2}{1-40\%}=170$（元）

2. 成本毛利率为 67% 时菜肴的价格

（1）每锅"佛跳墙"单价 $=(0.5\times68+0.2\times150+0.2\times1\,800+0.2\times150+15)\times(1+67\%)=469\times(1+67\%)=783.23$（元）

（2）每盘双菇炒冬笋单价 $=(0.1\times45+0.1\times120+0.15\times20+1)\times(1+67\%)=20.50\times(1+67\%)=34.24$（元）

（3）每盘清蒸鲥鱼单价 $=(0.5\times200+2)\times(1+67\%)=170.34$（元）

练习题五　练习饮食业营业收入的核算

编制会计分录如图表题解 6-3 所示。

图表题解 6-3

会 计 分 录

2011年 月	日	凭证号数	摘 要	科 目 及 子 细 目	借方金额	贷方金额
2	1	1	销货收入及销货短款入账	库存现金	12 588.00	
				银行存款	5 961.80	
				财务费用——手续费	34.20	
				待处理财产损溢——待处理流动资产损溢	5.00	
				主营业务收入		18 589.00
9	1	2	现金解行	银行存款	12 588.00	
				库存现金		12 588.00
	2	3	销货短缺款系工作差错，予以转账	营业外支出	5.00	
				待处理财产损溢——待处理流动资产损溢		5.00
	3	4	李安预订酒席，预收定金	财务费用——手续费	9.00	
				银行存款	991.00	
				预收账款——酒席定金		1 000.00
	4	5	东风公司预订酒席，预收定金	银行存款	320.00	
				预收账款——酒席定金		320.00
	5	6	酒席及烟、酒、饮料收入	财务费用——手续费	93.60	
				银行存款	10 306.40	
				应收账款——酒席定金	1 000.00	
				主营业务收入——酒席收入		10 000.00
				主营业务收入——小卖部收入		1 400.00
	6	7	东风公司预订酒席取消，没收定金	预收账款——酒席定金	320.00	
				营业外收入		320.00

第七章　服务经营业务

判　断　题

一、是非题

1. 对　2. 错　3. 错　4. 对　5. 错　6. 错　7. 对

二、单项选择题

1. C　2. C　3. D

三、多项选择题

1. ACDE　2. BCD　3. CDEG　4. ABG

练　习　题

练习题一　练习旅店业先收款后住店结算方式的核算

编制会计分录如图表题解 7-1 所示。

图表题解 7-1

会　计　分　录

2012 年 月	日	凭证 号数	摘　要	科目及子细目	借方金额	贷方金额
2	1	1	收到预交房金	库存现金 　预收账款	1 200.00	1 200.00
	2	2	房金收入	预收账款 库存现金 　主营业务收入——房金	1 000.00 200.00	1 200.00
	6	3	房金收入	预收账款 　主营业务收入——房金 　库存现金	1 200.00	1 000.00 200.00
	6	4	收到预交房金	库存现金 　预收账款	1 000.00	1 000.00

（续表）

2012 年		凭证号数	摘　要	科 目 及 子 细 目	借方金额	贷方金额
月	日					
2	8	5	房金收入	预收账款	2 000.00	
				库存现金	500.00	
				主营业务收入——房金		2 500.00
	10	6	收到预交房金	库存现金	500.00	
				预收账款		500.00

练习题二　练习旅店业先住店后付款结算方式的核算

1. 沪光酒店编制会计分录如图表题解 7-2 所示。

图表题解 7-2

会 计 分 录

2011 年		凭证号数	摘　要	科 目 及 子 细 目	借方金额	贷方金额
月	日					
5	3	1	营业收入	应收账款	19 350.00	
				主营业务收入——房金		18 250.00
				主营业务收入——饮料		640.00
				主营业务收入——食品		460.00
	3	2	收取款项	库存现金	12 620.00	
				银行存款	5 964.00	
				财务费用	36.00	
				应收账款		18 620.00

2. 神州宾馆编制会计分录如图表题解 7-3 所示。

图表题解 7-3

会 计 分 录

2011 年		凭证号数	摘　要	科 目 及 子 细 目	借方金额	贷方金额
月	日					
12	10	1	发生坏账损失	坏账准备——应收账款	450.00	
				应收账款		450.00
	31	2	计提坏账准备	资产减值损失——坏账损失	930.00	
				坏账准备——应收账款		930.00

练习题三　练习美容业业务的核算

编制会计分录如图表题解 7-4 所示。

图表题解 7-4

会 计 分 录

2011 年 月	2011 年 日	凭证号数	摘　要	科目及子细目	借方金额	贷方金额
9	1	1	营业收入	库存现金	9 330.00	
				银行存款	1 982.00	
				财务费用	18.00	
				主营业务收入——美容部收入		5 580.00
				主营业务收入——理发部收入		5 750.00
		2	现金解行	银行存款	9 330.00	
				库存现金		9 330.00

练习题四　练习沐浴业业务的核算

编制会计分录如图表题解 7-5 所示。

图表题解 7-5

会 计 分 录

2012 年 月	2012 年 日	凭证号数	摘　要	科目及子细目	借方金额	贷方金额
2	15	1	营业收入入账	库存现金	9 760.00	
				待处理财产损溢——待处理流动资产损溢	10.00	
				主营业务收入——男子部		3 650.00
				主营业务收入——女子部		2 970.00
				主营业务收入——其他		3 150.00
	15	2	现金解行	银行存款	9 760.00	
				库存现金		9 760.00
	18	3	现金短款作损失处理	营业外支出	10.00	
				待处理财产损溢——待处理流动资产损溢		10.00

练习题五　练习广告经营业务的核算

编制会计分录如图表题解 7-6 所示。

图表题解 7-6

会 计 分 录

2011年 月	日	凭证号数	摘　要	科目及子细目	借方金额	贷方金额
9	1	1	预收汽车灯箱广告画面款	银行存款 　预收账款——飞马汽车厂	13 500.00	13 500.00
		2	预付定制灯箱广告框架款	预付账款——申江公司 　银行存款	129 600.00	129 600.00
	29	3	汽车灯箱广告画面制作完毕确认收入	预收账款——飞马汽车厂 应收账款——飞马汽车厂 　主营业务收入	13 500.00 16 500.00	30 000.00
	30	4	支付本季度租用设置灯箱广告场地费	待摊费用 　银行存款	27 600.00	27 600.00
		5	灯箱广告框架已竣工验收使用	固定资产 　预付账款——申江公司 　银行存款	324 000.00	129 600.00 194 400.00
		6	制作汽车广告画面发生的成本入账	主营业务成本——广告制作成本 　原材料 　应付职工薪酬 　银行存款	18 720.00	10 200.00 5 350.00 3 170.00
		7	支付户外广告登记费	主营业务成本——广告发布成本 　银行存款	2 330.00	2 330.00
10	5	8	收到汽车广告画面制作余款	银行存款 　应收账款——飞马汽车厂	16 500.00	16 500.00
	31	9	收到本月份汽车广告发布费	银行存款 　主营业务收入——广告发布收入	18 000.00	18 000.00
		10	计提灯箱广告框架折旧费并摊销租用阵地费	主营业务成本——广告发布成本 　累计折旧 　待摊费用	13 700.00	4 500.00 9 200.00

练习题六　练习照相业业务的核算

编制会计分录如图表题解 7-7 所示。

图表题解 7-7

会 计 分 录

2012 年 月	日	凭证号数	摘　要	科 目 及 子 细 目	借方金额	贷方金额
3	1	1	购入相纸5箱，@500元，支付运费20元	原材料——原料及主要材料——相纸 银行存款 库存现金	2 550.00	2 500.00 50.00
	3	2	摄印组领用相纸、药水	主营业务成本 　原材料——原料及主要材料——相纸 　原材料——原料及主要材料——药水	710.00	510.00 200.00
	3	3	购入显影药水5瓶，@100元	原材料——原料及主要材料——药水 　应付账款——东兴公司	500.00	500.00
	5	4	收到营业收入	库存现金 　主营业务收入——原照收入 　主营业务收入——彩扩收入 　主营业务收入——冲洗收入	4 500.00	2 200.00 2 000.00 300.00
	15	5	领用相纸、药水	主营业务成本 　原材料——原料及主要材料——相纸 　原材料——原料及主要材料——药水	710.00	510.00 200.00
	20	6	收到营业收入	库存现金 　主营业务收入——原照收入 　主营业务收入——彩扩收入 　主营业务收入——冲洗收入	6 000.00	3 000.00 2 500.00 500.00
	25	7	收到营业收入，存入银行	银行存款 　主营业务收入——广告照片	1 200.00	1 200.00
	30	8	收到营业收入	库存现金 　主营业务收入——原照收入 　主营业务收入——彩扩收入 　主营业务收入——冲洗收入	7 500.00	3 540.00 3 360.00 600.00
	31	9	办理退料	主营业务成本 　原材料——原料及主要材料——相纸 　原材料——原料及主要材料——药水	355.00	255.00 100.00
4	1	10	转回上月退料	主营业务成本 　原材料——原料及主要材料——相纸 　原材料——原料及主要材料——药水	355.00	255.00 100.00

练习题七　练习洗染业业务的核算

编制会计分录如图表题解 7-8 所示。

图表题解 7-8

会 计 分 录

2012 年 月	日	凭证号数	摘　要	科目及子细目	借方金额	贷方金额
4	1	1	业务部门接受委托干洗、水洗	应收账款 　营业收入——干洗收入 　营业收入——水洗收入	3 290.00	 2 040.00 1 250.00
	5	2	顾客交来洗衣款项	库存现金 　应收账款	3 180.00	 3 180.00
4	15	3	接受洗染业务	应收账款 　主营业务收入——干洗收入 　主营业务收入——水洗收入 　主营业务收入——织补收入 　主营业务收入——皮衣上光	4 820.00	 2 200.00 1 520.00 400.00 700.00
4	16	4	顾客交来洗衣款项	库存现金 　应收账款	1 960.00	 1 960.00
	20	5-1	1件呢大衣有质量问题，免除洗衣款	主营业务收入 　应收账款	27.00	 27.00
		5-2	赔偿呢大衣顾客款项	营业外支出 　库存现金	50.00	 50.00
	24	6	接受水洗工作服业务	应收账款——大光工厂 　主营业务收入——水洗收入	12 000.00	 12 000.00
4	25	7	接受洗衣业务	应收账款 　主营业务收入——干洗收入 　主营业务收入——水洗收入	3 590.00	 2 110.00 1 480.00
	28	8	顾客交来洗衣款项	库存现金 　应收账款	3 390.00	 3 390.00

（续表）

2012年		凭证号数	摘　要	科目及子细目	借方金额	贷方金额
月	日					
4	29	9	客户交来洗衣款	银行存款	12 000.00	
				应收账款——大光工厂		12 000.00
	30	10	耗用洗衣上光材料转账	主营业务成本	3 600.00	
				原材料——原料及主要材料——洗衣粉		1 500.00
				原材料——原料及主要材料——干洗药水		1 800.00
				原材料——原料及主要材料——上光药水		300.00

练习题八　练习娱乐业业务的核算

1. 编制会计分录如图表题解 7-9 所示。

图表题解 7-9

会 计 分 录

2012年		凭证号数	摘　要	科目及子细目	借方金额	贷方金额
月	日					
2	1	1	购进沙发、茶几、椅子	低值易耗品	18 000.00	
				银行存款		18 000.00
	5	2	购置灯光设施一套	固定资产	14 000.00	
				银行存款		14 000.00
	8	3	购置音箱一套，彩电4台	固定资产	69 200.00	
				银行存款		69 200.00
	26	4	支付装修费用	管理费用——开办费	175 000.00	
				银行存款		175 000.00

2. 计算舞厅的收费价格

$$收费价格=\left(\frac{18\,000+14\,000+69\,200+175\,000}{1\,000\times600\times75\%}+1.5+\frac{500}{600\times75\%}\right)\div$$
$$(1-66\%)=9.49\approx9.50(元)$$

练习题九　练习修理业业务的核算

编制会计分录如图表题解 7-10 所示。

图表题解 7-10

会 计 分 录

2012 年 月	日	凭证号数	摘　要	科目及子细目	借方金额	贷方金额
2	1	1	购进电视机零配件验收入库	原材料——原料及主要材料 　银行存款	45 000.00	45 000.00
	3	2	修理完工电视机 10 台	应收账款 　主营业务收入	18 000.00	18 000.00
	14	3	客户领取电视机交来库存现金，存入银行	银行存款 　应收账款	17 800.00	17 800.00
	15	4	修理完工电视机 75 台	应收账款 　主营业务收入	13 200.00	13 200.00
	26	5	客户领取电视机，现金存行	银行存款 　应收账款——修理收入	14 500.00	14 500.00
	28	6	根据耗用材料汇总表，入账	主营业务成本 　原材料——原料及主要材料	15 980.00	15 980.00
	28	7	修理完工电视机 80 台	应收账款 　主营业务收入	14 750.00	14 750.00

第八章　商场经营业务

判　断　题

一、是非题

1. 对　2. 错　3. 错　4. 对　5. 错　6. 对　7. 对　8. 错　9. 错

二、单项选择题

1. A　2. C

三、多项选择题

1. ABCD　2. CD　3. BCD

练　习　题

练习题一　练习数量进价金额核算法（商品进销部分）

编制会计分录如图表题解 8-1 所示。

图表题解 8-1

会 计 分 录

2012年 月	2012年 日	凭证号数	摘　要	科目及子细目	借方金额	贷方金额
2	2	1	购进檀香扇 30 把，@300 元	在途物资——黄星记扇庄 应交税费——应交增值税——进项税额 　　银行存款	9 000.00 1 530.00	 10 530.00
	2	2	30 把檀香扇验收入库	库存商品——檀香扇 　　在途物资——黄星记扇庄	9 000.00	 9 000.00
	5	3	退出 5 把不合格的檀香扇	应收账款——黄星记扇庄 　　库存商品——檀香扇 　　应交税费——应交增值税——进项税额	1 755.00	 1 500.00 255.00
	6	4	接受代销手镯 40 只，@255 元	受托代销商品——大明玉器厂 　　受托代销商品款——大明玉器厂	10 200.00	 10 200.00

（续表）

2012年 月	2012年 日	凭证号数	摘 要	科目及子细目	借方金额	贷方金额
2	8	5	购进紫砂茶具50套，@350元	库存商品——紫砂茶具	17 500.00	
				应交税费——应交增值税——进项税额	2 975.00	
				银行存款		20 475.00
	12	6	购进化妆品20盒，@600元	库存商品——化妆品	12 000.00	
				应交税费——应交增值税——进项税额	2 040.00	
				银行存款		14 040.00
	18	7	化妆品应为@560元，予以更正	银行存款	936.00	
				库存商品——化妆品		800.00
				应交税费——应交增值税——进项税额		136.00
	18	8-1	销售商品收入	库存现金	7 620.00	
				银行存款	3 105.60	
				财务费用	14.40	
				主营业务收入——商品销售业务		10 740.00
		8-2	销售现金解行	银行存款	7 620.00	
				库存现金		7 620.00
	18	9	结转销售成本	主营业务成本——商品销售业务	8 110.00	
				库存商品		8 110.00
	20	10	购进珍珠项链30条，@200元	库存商品——珍珠项链	6 000.00	
				应交税费——应交增值税——进项税额	1 020.00	
				银行存款		7 020.00
	22	11	珍珠项链应为@210元，予以更正	库存商品——珍珠项链	300.00	
				应交税费——应交增值税——进项税额	51.00	
				银行存款		351.00
	24	12	购进檀香扇25把，@200元	库存商品——黄星记扇庄	7 500.00	
				应交税费——应交增值税——进项税额	1 215.00	
				银行存款		8 715.00
	26	13-1	销售代销玉手镯20只	库存现金	7 020.00	
				应付账款——大明玉器厂		6 000.00
				应交税费——应交增值税——销项税额		1 020.00
		13-2	注销代销商品	受托代销商品款——大明玉器厂	5 100.00	
				委托代销商品——大明玉器厂		5 100.00
	27	14	结算代销玉手镯手续费	应付账款——大明玉器厂	900.00	
				其他业务收入		900.00

(续表)

2012 年		凭证号数	摘　要	科目及子细目	借方金额	贷方金额
月	日					
2	28	15-1	销售商品收入	库存现金	20 160.00	
				银行存款	4 827.60	
				财务费用	32.40	
				主营业务收入——商品销售业务		25 020.00
	28	15-2	销货现金解行	银行存款	20 160.00	
				库存现金		20 160.00
	28	16	扣除代销玉手镯手续费后支付已售代销玉手镯款	应付账款——大明玉器厂	5 100.00	
				应交税费——应交增值税——进项税额	1 020.00	
				银行存款		6 120.00
	28	17	结转销售成本	主营业务成本——商品销售业务	18 880.00	
				库存商品		18 880.00
	28	18	调整本月份主营业务收入	主营业务收入——商品销售业务	5 195.90	
				应交税费——应交增值税——销项税额		5 195.90

练习题二　练习数量进价金额核算法(商品储存部分)

编制会计分录如图表题解 8-2 所示。

图表题解 8-2

会 计 分 录

2012 年		凭证号数	摘　要	科目及子细目	借方金额	贷方金额
月	日					
3	26	1-1	商品盘点短缺转账	待处理财产损溢——待处理流动资产损溢	590.00	
				库存商品——珍珠		440.00
				库存商品——龙井绿茶		150.00
	26	1-2	商品盘点溢余转账	库存商品——祁门红茶	80.00	
				库存商品——檀香扇	3 000.00	
				待处理财产损溢——待处理流动资产损溢		3 080.00
	28	2	计提真丝睡衣跌价准备	资产减值损失——存货跌价损失	950.00	
				存货跌价准备		950.00
	29	3	溢余10把檀香扇转作购进货物	待处理财产损溢——待处理流动资产损溢	3 000.00	
				应交税费——应交增值税——进项税额	510.00	
				应付账款——黄星记扇庄		3 510.00

（续表）

2012 年		凭证号数	摘　要	科 目 及 子 细 目	借方金额	贷方金额
月	日					
3	30	4	短缺珍珠项链2 条，60％由责任人赔偿，40％作为企业损失	营业外支出 其他应收款——责任人 　待处理财产损溢——待处理流动资产损溢	176.00 264.00	 440.00
	31	5-1	龙井绿茶短缺作为企业损失	营业外支出 　待处理财产损溢——待处理流动资产损溢	150.00	 150.00
		5-2	溢余祁门红茶作为企业收益	待处理财产损溢——待处理流动资产损溢 　营业外收入	80.00	 80.00
4	5	6-1	销售跌价真丝睡衣	库存现金 　主营业务收入	1 755.00	 1 755.00
		6-2	结转真丝睡衣销售成本	主营业务成本 　库存商品	1 950.00	 1 950.00
	5	6-3	调整存货跌价准备	存货跌价准备 　主营业务成本	475.00	 475.00

练习题三　练习售价金额核算法(商品进销部分)

1. 编制会计分录如图表题解 8-3 所示。

图表题解 8-3

会 计 分 录

2011年		凭证号数	摘　要	科 目 及 子 细 目	借方金额	贷方金额
月	日					
12	1	(1)	支付商品货款及增值税额	在途物资——上海百货公司 应交税费——应交增值税——进项税额 　银行存款	29 300.00 4 981.00	 34 281.00
	2	(2)	商品由百货柜验收	库存商品——百货柜 　在途物资——上海百货公司 　商品进销差价——百货柜	39 300.00	 29 300.00 10 000.00
	4	(3)	收到上海百货公司更正发票,补收货款、增值税	商品进销差价——百货柜 应交税费——应交增值税——进项税额 　应付账款——上海百货公司	100.00 17.00	 117.00

2011年 月	日	凭证 号数	摘　要	科　目　及　子　细　目	借方金额	贷方金额
12	8	(4)	支付长毛绒 熊猫货款,并 由百货柜 验收	库存商品——百货柜 应交税费——应交增值税——进项税额 　应付票据——上海玩具厂 　商品进销差价——百货柜	42 000.00 5 304.00	 36 504.00 10 800.00
	12	(5)	100 只长毛 绒熊猫质量 不符要求,予 以退货	应收账款——上海玩具厂 商品进销差价——百货柜 　库存商品——百货柜 　应交税费——应交增值税——进项税额	3 650.40 1 080.00	 4 200.00 530.40
	15	(6-1)	销售商品收 入	库存现金 银行存款 财务费用 　主营业务收入——商品销售业务——百货柜 　主营业务收入——商品销售业务——食品柜	109 540.00 16 892.00 108.00	 65 560.00 60 980.00
		(6-2)	销货现金 解行	银行存款 　库存现金	109 540.00	 109 540.00
	15	(6-3)	结转销售 成本	主营业务成本——商品销售业务——百货柜 主营业务成本——商品销售业务——食品柜 　库存商品——百货柜 　库存商品——食品柜	65 560.00 60 980.00	 65 560.00 60 980.00
	18	(7)	支付上海食 品公司商品 的货款	库存商品——食品柜 应交税费——应交增值税——进项税额 　银行存款 　商品进销差价——食品柜	79 760.00 10 149.00	 69 849.00 20 060.00
	21	(8)	上海食品公 司更正鱼片 干价款	应收账款——上海食品公司 　商品进销差价——食品柜 　应交税费——应交增值税——进项税额	351.00	 300.00 51.00
	25	(9)	购进长毛绒 老虎,货款尚 未支付	库存商品——百货柜 应交税费——应交增值税——进项税额 　应付账款——上海玩具厂 　商品进销差价——百货柜	40 000.00 4 998.00	 34 398.00 10 600.00
	27	(10)	长毛绒老虎 更正价格	商品进销差价——百货柜 应交税费——应交增值税——进项税额 　应付账款——上海玩具厂	600.00 102.00	 702.00

（续表）

2011年		凭证号数	摘　要	科　目　及　子　细　目	借方金额	贷方金额
月	日					
12	28	(11)	支付前欠货款	应付账款——上海玩具厂	35 100.00	
				银行存款		35 100.00
	29	(12)	支付巧克力货款	库存商品——食品柜	38 000.00	
				应交税费——应交增值税——进项税额	4 845.00	
				银行存款		33 345.00
				商品进销差价——食品柜		9 500.00
	31	(13-1)	销售商品收入	库存现金	87 430.00	
				银行存款	21 065.00	
				财务费用	135.00	
				主营业务收入——商品销售业务——百货柜		53 780.00
				主营业务收入——商品销售业务——食品柜		54 850.00
	31	(13-2)	销货现金解行	银行存款	87 430.00	
				库存现金		87 430.00
	31	(13-3)	结转销售成本	主营业务成本——商品销售业务——百货柜	53 780.00	
				主营业务成本——商品销售业务——食品柜	54 850.00	
				库存商品——百货柜		53 780.00
				库存商品——食品柜		54 850.00
	31	(14)	调整营业成本	商品进销差价——百货柜	30 073.68	
				商品进销差价——食品柜	29 258.66	
				主营业务成本——商品销售业务——百货柜		30 073.68
				主营业务成本——商品销售业务——食品柜		29 258.66
	31	(15)	调整本月份营业收入	主营业务收入——商品销售业务——百货柜	17 340.00	
				主营业务收入——商品销售业务——食品柜	16 830.00	
				应交税费——应交增值税——销项税额		34 170.00
	31	(16)	用实际进销差价法调整营业成本	商品进销差价——百货柜	30 120.00	
				商品进销差价——食品柜	29 980.00	
				主营业务成本——商品销售业务——百货柜		30 120.00
				主营业务成本——商品销售业务——食品柜		29 980.00

　　2. 登记"库存商品"、"商品进销差价"和"主营业务收入"明细账如图表题解8-4所示。

图表题解 8-4

<table>
<tr><td colspan="4" align="center">库存商品——百货柜</td></tr>
<tr><td>期初余额</td><td align="right">120 120.00</td><td>(5)</td><td align="right">4 200.00</td></tr>
<tr><td>(2)</td><td align="right">39 300.00</td><td>(6-3)</td><td align="right">65 560.00</td></tr>
<tr><td>(4)</td><td align="right">42 000.00</td><td>(13-3)</td><td align="right">53 780.00</td></tr>
<tr><td>(9)</td><td align="right">40 000.00</td><td></td><td></td></tr>
<tr><td>本期发生额</td><td align="right">121 300.00</td><td>本期发生额</td><td align="right">123 540.00</td></tr>
<tr><td>期末余额</td><td align="right">117 880.00</td><td></td><td></td></tr>
</table>

<table>
<tr><td colspan="4" align="center">库存商品——食品柜</td></tr>
<tr><td>期初余额</td><td align="right">114 780.00</td><td>(6-3)</td><td align="right">60 980.00</td></tr>
<tr><td>(7)</td><td align="right">79 760.00</td><td>(13-3)</td><td align="right">54 850.00</td></tr>
<tr><td>(12)</td><td align="right">38 000.00</td><td></td><td></td></tr>
<tr><td>本期发生额</td><td align="right">117 760.00</td><td>本期发生额</td><td align="right">115 830.00</td></tr>
<tr><td>期末余额</td><td align="right">116 710.00</td><td></td><td></td></tr>
</table>

<table>
<tr><td colspan="4" align="center">商品进销差价——百货柜</td></tr>
<tr><td>(3)</td><td align="right">100.00</td><td>期初余额</td><td align="right">30 150.00</td></tr>
<tr><td>(5)</td><td align="right">1 080.00</td><td>(2)</td><td align="right">10 000.00</td></tr>
<tr><td>(10)</td><td align="right">600.00</td><td>(4)</td><td align="right">10 800.00</td></tr>
<tr><td>(14)</td><td align="right">30 073.68</td><td>(9)</td><td align="right">10 600.00</td></tr>
<tr><td>本期发生额</td><td align="right">31 853.68</td><td>本期发生额</td><td align="right">31 400.00</td></tr>
<tr><td></td><td></td><td>期末余额</td><td align="right">29 696.32</td></tr>
</table>

<table>
<tr><td colspan="4" align="center">商品进销差价——食品柜</td></tr>
<tr><td>(14)</td><td align="right">29 258.66</td><td>期初余额</td><td align="right">28 880.00</td></tr>
<tr><td></td><td></td><td>(7)</td><td align="right">20 060.00</td></tr>
<tr><td></td><td></td><td>(8)</td><td align="right">300.00</td></tr>
<tr><td></td><td></td><td>(12)</td><td align="right">9 500.00</td></tr>
<tr><td>本期发生额</td><td align="right">29 258.66</td><td>本期发生额</td><td align="right">29 860.00</td></tr>
<tr><td></td><td></td><td>期末余额</td><td align="right">29 481.34</td></tr>
</table>

<table>
<tr><td colspan="4" align="center">主营业务收入——百货柜</td></tr>
<tr><td></td><td></td><td>(6-1)</td><td align="right">65 560.00</td></tr>
<tr><td></td><td></td><td>(13-1)</td><td align="right">53 780.00</td></tr>
<tr><td>本期发生额</td><td align="right">/</td><td>本期发生额</td><td align="right">119 340.00</td></tr>
</table>

<table>
<tr><td colspan="4" align="center">主营业务收入——食品柜</td></tr>
<tr><td></td><td></td><td>(6-1)</td><td align="right">60 980.00</td></tr>
<tr><td></td><td></td><td>(13-1)</td><td align="right">54 850.00</td></tr>
<tr><td>本期发生额</td><td align="right">/</td><td>本期发生额</td><td align="right">115 830.00</td></tr>
</table>

3. 计算各柜组差价率和已销商品进销差价

$$百货柜差价率 = \frac{59\ 770}{117\ 880 + 119\ 340} \times 100\% = 25.20\%$$

$$食品柜差价率 = \frac{58\ 740}{116\ 710 + 115\ 830} \times 100\% = 25.26\%$$

百货柜已销商品进销差价 = 119 340 × 25.20% = 30 073.68(元)

食品柜已销商品进销差价 = 115 830 × 25.26% = 29 258.66(元)

练习题四　练习售价金额核算法(商品储存部分)

1. 编制 3 月份的会计分录如图表题解 8-5 所示。

图表题解 8-5

会 计 分 录

2012年 月	日	凭证 号数	摘 要	科 目 及 子 细 目	借方金额	贷方金额
3	25	(1)	支付大白兔奶糖 货款	库存商品——食品柜	21 600.00	
				应交税费——应交增值税——进项税额	2 754.00	
				银行存款		18 954.00
				商品进销差价——食品柜		5 400.00
	25	(2)	支付香木扇货 款	库存商品——百货柜	15 000.00	
				应交税费——应交增值税——进项税额	1 887.00	
				应付票据——上海工艺品厂		12 987.00
				商品进销差价——百货柜		3 900.00
	25	(3)	10 件编结衫质 量不符合要求,予 以退货	应收账款——精艺编结厂	877.50	
				商品进销差价——百货柜	250.00	
				库存商品——百货柜		1 000.00
				应交税费——应交增值税——进项税额		127.50
	25	(4)	光明食品厂更正 奶粉价格,补收 货款及增值税	商品进销差价——食品柜	800.00	
				应交税费——应交增值税——进项税额	136.00	
				应收账款——光明食品厂		936.00
	25	(5)	上海伞厂更正折 伞价格,退货及 退税款尚未收到	应收账款——上海伞厂	585.00	
				商品进销差价——百货柜		500.00
				应交税费——应交增值税——进项税额		85.00
	25	(6-1)	编结衫跌价冲转 差价	商品进销差价——百货柜	830.00	
				库存商品——百货柜[(100—58.50)×20]		830.00
	25	(6-2)	计提编结衫跌价 准备	资产减值损失——存货跌价损失	520.00	
				存货跌价准备		520.00
	25	(7-1)	巧克力跌价冲转 差价	商品进销差价——食品柜	351.00	
				库存商品——食品柜[(35.10—23.40)×30]		351.00
	25	(7-2)	计提巧克力跌价 准备	资产减值损失——存货跌价损失	198.00	
				存货跌价准备		198.00
	25	(8-1)	青岛啤酒调高 价格	库存商品——食品柜	100.00	
				商品进销差价——食品柜		100.00
		(8-2)	羽毛扇调低价格	商品进销差价——百货柜	500.00	
				库存商品——百货柜		500.00
	25	(9)	商品短缺	待处理财产损溢——待处理流动资产损溢	74.90	
				商品进销差价——百货柜	25.10	
				库存商品——百货柜		100.00

(续表)

2012年 月	2012年 日	凭证 号数	摘　要	科　目　及　子　细　目	借方金额	贷方金额
3	25	(10)	商品溢余	库存商品——食品柜	50.00	
				待处理财产损溢——待处理流动资产损溢		37.30
				商品进销差价——食品柜		12.70
	25	(11-1)	销售商品收入	库存现金	11 680.00	
				银行存款	5 946.00	
				财务费用	54.00	
				主营业务收入——商品销售业务——百货柜		8 960.00
				主营业务收入——商品销售业务——食品柜		8 720.00
	25	(11-2)	销货现金解行	银行存款	11 680.00	
				库存现金		11 680.00
	25	(11-3)	结转销售成本	主营业务成本——商品销售业务——百货柜	8 960.00	
				主营业务成本——商品销售业务——食品柜	8 720.00	
				库存商品——百货柜		8 960.00
				库存商品——食品柜		8 720.00
	30	(12-1)	盘缺商品转入费用	销售费用——商品损耗	22.47	
				营业外支出	52.43	
				待处理财产损溢——待处理流动资产损溢		74.90
		(12-2)	盘盈商品作收益入账	待处理财产损溢——待处理流动资产损溢	37.30	
				营业外收入——盘盈利得		37.30

2. 编制商品进销存日报表如图表题解 8-6、图表题解 8-7 所示。

图表题解 8-6

商品进销存日报表

部门:百货柜　　　　　　　　　2012 年 3 月 25 日

项　　　目		金　　额	项　　　目		金　　额
昨　日　结　存		272 550.00	今日发出	销　　售	8 960.00
今日收入	购　　进	14 000.00		调价减值	500.00
	调价增值			跌　　价	830.00
	溢　　余			短　　缺	100.00
				今　日　结　存	276 160.00

图表题解 8-7

商品进销存日报表

部门:食品柜   2012 年 3 月 25 日

项 目		金 额		项 目	金 额
昨 日 结 存		266 200.00		销 售	8 720.00
今日收入	购 进	21 600.00	今日发出	调价减值	
	调价增值	100.00		跌 价	351.00
	溢 余	50.00		短 缺	
			今 日 结 存		278 829.00

3. 编制 4 月份会计分录如图表题解 8-8 所示。

图表题解 8-8

会 计 分 录

2012年 月	日	凭证号数	摘 要	科目及子细目	借方金额	贷方金额
4	2	1-1	销售编结衫	库存现金	585.00	
				主营业务收入——商品销售业务——百货柜		585.00
		1-2	结转编织衫销售成本	主营业务成本——商品销售业务——百货柜	585.00	
				库存商品——百货柜		585.00
		1-3	结转存货跌价准备	存货跌价准备	260.00	
				主营业务成本——商品销售业务——百货柜		260.00
4	5	2-1	销售巧克力糖	库存现金	468.00	
				主营业务收入——商品销售业务——食品柜		468.00
		2-2	结转巧克力糖销售成本	主营业务成本——商品销售业务——食品柜	468.00	
				库存商品——食品柜		468.00
		2-3	结转存货跌价准备	存货跌价准备	132.00	
				主营业务成本——商品销售业务——食品柜		132.00

第九章 对外投资

判 断 题

一、是非题

1. 对 2. 对 3. 错 4. 错 5. 错 6. 对 7. 错 8. 错 9. 错 10. 对
11. 对 12. 对 13. 错 14. 错

二、单项选择题

1. C 2. D 3. A 4. C 5. B 6. B

三、多项选择题

1. ABD 2. ABC 3. ACD 4. AB 5. ACD 6. CD

练 习 题

练习题一 练习交易性金融资产的核算

编制会计分录如图表题解 9-1 所示。

图表题解 9-1

会 计 分 录

2012年 月	2012年 日	凭证号数	摘要	科目及子细目	借方金额	贷方金额
3	1	1	购进股票	交易性金融资产——成本——光明公司 投资收益 　银行存款	75 000.00 300.00	 75 300.00
	5	2	购进股票	交易性金融资产——成本——新光公司 应收股利——新光公司 投资收益 　银行存款	88 200.00 1 800.00 360.00	 90 360.00
	11	3	收到股利	银行存款 　应收股利——新光公司	1 800.00	 1 800.00

（续表）

2012年		凭证号数	摘　要	科　目　及　子　细　目	借方金额	贷方金额
月	日					
3	18	4	收到股利	银行存款	1 500.00	
				投资收益		1 500.00
	30	5	购进债券	交易性金融资产——成本——浦江公司	100 000.00	
				应收利息——浦江公司	8 000.00	
				投资收益	108.00	
				银行存款		108 108.00
	31	6	收到债券利息	银行存款	8 000.00	
				应收利息——浦江公司		8 000.00
	31	7-1	按公允价值调整账面价值	公允价值变动损益——交易性金融资产	500.00	
				交易性金融资产——公允价值变动——光明公司		500.00
		7-2	按公允价值调整账面价值	交易性金融资产——公允价值变动——长江公司	3 300.00	
				交易性金融资产——公允价值变动——浦江公司	10.00	
				公允价值变动损益——交易性金融资产		3 310.00
		8	结转公允价值变动损益	公允价值变动损益——交易性金融资产	2 810.00	
				本年利润		2 810.00
4	5	9	出售股票	银行存款	75 696.00	
				交易性金融资产——公允价值变动——光明公司	500.00	
				交易性金融资产——成本——光明公司		75 000.00
				投资收益		1 196.00
	30	10	出售债券	银行存款	100 399.50	
				交易性金融资产——成本——浦江公司		100 000.00
				交易性金融资产——公允价值变动——浦江公司		10.00
				投资收益		389.50

练习题二　练习持有至到期投资的核算

1. 编制会计分录如图表题解 9-2 所示。

图表题解 9-2

会 计 分 录

2011年 月	2011年 日	凭证号数	摘 要	科 目 及 子 细 目	借方金额	贷方金额
3	31	(1)	购进债券	持有至到期投资——成本——沪光公司	84 084.00	
				银行存款		84 084.00
	31	(2)	溢价购进债券	持有至到期投资——成本——万春公司	120 123.97	
				持有至到期投资——利息调整——万春公司	3 970.80	
				银行存款		124 094.77
	31	(3)	折价购进债券	持有至到期投资——成本——黄河公司	90 088.39	
				持有至到期投资——利息调整——黄河公司		1 608.30
				银行存款		88 480.09
4	30	(4-1)	预计本月应收利息	持有至到期投资——应计利息——沪光公司	560.00	
				投资收益		560.00
		(4-2)	预计本月份应收利息	应收利息——万春公司	900.00	
				持有至到期投资——利息调整——万春公司		82.73
				投资收益		817.27
		(4-3)	预计本月份应收利息	应收利息——黄河公司	525.00	
				持有至到期投资——利息调整——黄河公司	67.01	
				投资收益		592.01
6	30	(5)	将持有的沪光公司债券重新分类	可供出售金融资产——成本——沪光公司	85 092.00	
				持有至到期投资——成本——沪光公司		84 084.00
				持有至到期投资——应计利息——沪光公司		560.00
				资本公积——其他资本公积		448.00
2012年		(1)	收到债券利息	银行存款	10 800.00	
				应收利息——万春公司		9 900.00
3	31			持有至到期投资——利息调整——万春公司		82.73
				投资收益		817.27
	31	(2)	收到债券利息	银行存款	6 300.00	
				持有至到期投资——利息调整——黄河公司	67.01	
				应收利息——黄河公司		5 775.00
				投资收益		592.01

2012年		凭证号数	摘 要	科 目 及 子 细 目	借方金额	贷方金额
月	日					
4	25	(3)	出售黄河公司债券，收入存入银行	银行存款 持有至到期投资——利息调整——黄河公司 持有至到期投资——成本——黄河公司 投资收益	89 550.36 804.15	 90 088.39 266.12
	30	(4)	万春公司债券计提减值准备	资产减值损失——持有至到期投资减值损失 持有至到期投资减值准备——万春公司	1 700.78	 1 700.78
5	15	(5)	出售万春公司债券，收入存入银行	银行存款 持有至到期投资减值准备——万春公司 投资收益 持有至到期投资——成本——万春公司 持有至到期投资——利息调整——万春公司	121 306.57 1 700.78 11.99	 120 123.97 2 895.37

4月30日万春公司债券可收回金额＝1 012×120×(1−1‰)＝121 318.56(元)

2. 用实际利率法计算债券各年应摊销的利息调整额如图表题解 9-3、图表题解 9-4 所示。

图表题解 9-3

万春公司利息调整额计算表

单位：元

付息期数	应计利息收入	实际利息收入	本期利息调整额	利息调整借方余额	债券账面价值(不含交易费用)
(1)	(2)＝面值×票面利率	(3)＝上期(6)×实际利率	(4)＝(2)−(3)	(5)＝上期利息调整余额−(4)	(6)＝面值＋(5)
购进时				3 970.80	123 970.80
1	10 800.00	9 917.66	882.34	3 088.46	123 088.46
2	10 800.00	9 847.08	952.92	2 135.54	122 135.54
3	10 800.00	9 770.84	1 029.16	1 106.38	121 106.38
4	10 800.00	9 693.62	1 106.38	0	120 000.00

图表题解 9-4

黄河公司利息调整额计算表

单位：元

付息期数	应计利息收入	实际利息收入	本期利息调整额	利息调整贷方余额	债券账面价值(不含交易费用)
(1)	(2)=面值×票面利率	(3)=上期(6)×实际利率	(4)=(3)-(2)	(5)=上期利息调整余额-(4)	(6)=面值-(5)
购进时				1 608.30	88 391.70
1	6 300.00	7 071.34	771.34	836.96	89 163.04
2	6 300.00	7 136.96	836.96	0	90 000.00

练习题三 练习可供出售金融资产的核算

编制会计分录如图表题解 9-5 所示。

图表题解 9-5

会 计 分 录

2012年 月	日	凭证号数	摘 要	科目及子细目	借方金额	贷方金额
4	5	1	购进股票25 000股	可供出售金融资产——成本——天河公司 　　银行存款	150 600.00	150 600.00
	10	2	购进股票20 000股	可供出售金融资产——成本——泰山公司 应收股利——泰山公司 　　银行存款	155 440.00 5 200.00	160 640.00
	20	3	收到现金股利	银行存款 　　应收股利——泰山公司	5 200.00	5 200.00
	25	4	收到天河公司现金股利	银行存款 　　投资收益	3 000.00	3 000.00
	30	5	按面值购进债券	可供出售金融资产——成本——忆阳公司 　　银行存款	150 150.00	150 150.00
	30	6	按公允价值调整账面价值	可供出售金融资产——公允价值变动——天河公司 可供出售金融资产——公允价值变动——泰山公司 　　资本公积——其他资本公积	4 400.00 2 560.00	6 960.00

（续表）

2012年		凭证号数	摘　要	科 目 及 子 细 目	借方金额	贷方金额
月	日					
5	25	7	出 售 股 票 25 000 股	银行存款	161 850.00	
				可供出售金融资产——成本——天河公司		150 600.00
				可供出售金融资产——公允价值变动——天河公司		4 400.00
				投资收益		6 850.00
	31	8	计 提 减 值损失	资产减值损失——可供出售金融资产减值损失	11 020.00	
				资本公积——其他资本公积	2 560.00	
				可供出售金融资产——公允价值变动——泰山公司		13 580.00
	31	9	出售泰山 公司股票 20 000股	银行存款	146 412.00	
				可供出售金融资产——公允价值变动——泰山公司	11 020.00	
				可供出售金融资产——成本——泰山公司		155 440.00
				投资收益		1 992.00

泰山公司股票可收回金额＝7.35×20 000×（1−4‰）＝146 412（元）

练习题四　练习长期股权投资初始成本的核算

编制会计分录如图表题解 9-6 所示。

图表题解 9-6

会 计 分 录

2012年		凭证号数	摘　要	科 目 及 子 细 目	借方金额	贷方金额
月	日					
1	5	1	合并武陵宾馆 取得 60% 的 股权	长期股权投资——成本	2 100 000.00	
				累计折旧	200 000.00	
				资本公积——资本溢价	60 000.00	
				盈余公积	80 000.00	
				固定资产		1 200 000.00
				银行存款		1 240 000.00
3	25	2	购入宁波宾馆 45%股权	长期股权投资——成本	1 620 000.00	
				商誉	78 000.00	
				累计折旧	120 000.00	
				营业外支出——非流动资产处置损失	2 000.00	
				固定资产		1 000 000.00
				银行存款		820 000.00

（续表）

2012年 月	日	凭证 号数	摘 要	科 目 及 子 细 目	借方金额	贷方金额
5	20	3	购入山外山旅 游公司股票 360 000股	长期股权投资——成本 应收股利 　　银行存款	1 767 600.00 39 600.00	1 807 200.00
6	5	4	以发行股票方 式取得华山旅 游公司 10% 股权	长期股权投资——成本 股本 资本公积——资本溢价 　　银行存款	6 626 400.00	1 200 000.00 5 400 000.00 26 400.00

练习题五　练习长期股权投资后续计量的核算

1. 花城宾馆编制会计分录如图表题解 9-7 所示。

图表题解 9-7

会 计 分 录

2011年 月	日	凭证 号数	摘 要	科 目 及 子 细 目	借方金额	贷方金额
9	30	(1)	购进珠江公司股 票1 000 000股	长期股权投资——成本 　　银行存款	5 020 000.00	5 020 000.00
2012年 3	12	(2)	珠江公司宣告发 放现金股利	应收股利——珠江公司 　　投资收益	160 000.00	160 000.00
	27	(3)	收到股票现金 股利	银行存款 　　应收股利——珠江公司	160 000.00	160 000.00
7	31	(4)	计提珠江公司股 票减值准备	资产减值损失——长期股权投资减值 　　　　　　损失 　　长期股权投资减值准备	538 000.00	538 000.00
8	20	(5)	出售珠江公司股 票20 000股	银行存款 长期股权投资减值准备 投资收益 　　长期股权投资——成本	88 644.00 10 760.00 996.00	100 400.00

长期股权投资可收回金额＝4.50×1 000 000×(1－4‰)＝4 482 000(元)

2. 广州宾馆编制会计分录如图表题解 9-8 所示。

图表题解 9-8

2011年		凭证 号数	摘 要	科 目 及 子 细 目	借方金额	贷方金额
月	日					
1	2	(1)	购入苏州宾馆 45%股权	长期股权投资——成本 累计折旧 固定资产 银行存款 营业外收入——非流动资产处置利得	3 562 000.00 100 000.00	1 500 000.00 2 150 000.00 12 000.00
	3	(2)	调整长期股权 投资	长期股权投资——成本 营业外收入	38 000.00	38 000.00
12	31	(3)	根据苏州宾馆 净利润调整投 资额	长期股权投资——损益调整 投资收益	324 000.00	324 000.00
12	31	(4)	根据苏州宾馆 资本溢价调整 投资额	长期股权投资——其他权益变动 资本公积——其他资本公积	90 000.00	90 000.00
2012年 3	20	(5)	苏州宾馆宣告 分配利润	应收股利 长期股权投资——损益调整	194 400.00	194 400.00
	30	(6)	收到苏州宾馆 分配的利润	银行存款 应收股利——苏州宾馆	194 400.00	194 400.00
5	15	(7-1)	出售苏州宾馆 5%股权	银行存款 长期股权投资——成本 长期股权投资——损益调整 长期股权投资——其他权益变动 投资收益	477 500.00	400 000.00 14 400.00 10 000.00 53 100.00
		(7-2)	结转该股权形 成的资本公积	资本公积——其他资本公积 投资收益	10 000.00	10 000.00

练习题六 练习投资性房地产的核算

1. 天津旅游公司编制会计分录如图表题解 9-9 所示。

图表题解 9-9

会 计 分 录

2011年 月	日	凭证号数	摘 要	科目及子细目	借方金额	贷方金额
4	10	(1)	购入房屋一幢	投资性房地产	1 221 600.00	
				银行存款		1 221 600.00
	18	(2)	购入土地使用权	投资性房地产	1 638 000.00	
				银行存款		1 638 000.00
5	2	(3)	收到租金	银行存款	5 800.00	
				其他业务收入		5 800.00
5	31	(4)	计提房屋折旧,	其他业务成本	4 495.00	
			摊销土地使用权	投资性房地产累计折旧		2 545.00
				投资性房地产累计摊销		1 950.00
2012年 12	1	(5-1)	出售土地使用权	银行存款	1 700 000.00	
				其他业务收入		1 700 000.00
		(5-2)	结转土地使用权 成本	其他业务成本	1 600 950.00	
				投资性房地产累计摊销	37 050.00	
				投资性房地产		1 638 000.00
12	31	(6)	计提出租房屋减 值准备	资产减值损失	10 900.00	
				投资性房地产减值准备		10 900.00

2. 武汉宾馆编制会计分录如图表题解 9-10 所示。

图表题解 9-10

2012年 月	日	凭证号数	摘 要	科目及子细目	借方金额	贷方金额
3	1	1	办公楼竣工予 以转账	投资性房地产——成本	5 000 000.00	
				在建工程		5 000 000.00
	2	2	收到租金	银行存款	24 000.00	
				其他业务收入		24 000.00
	31	3	按公允价值 转账	投资性房地产——公允价值变动	50 000.00	
				公允价值变动损益——投资性房地产		50 000.00
	31	4	将公允价值变 动损益结转本 年利润	公允价值变动损益——投资性房地产	50 000.00	
				本年利润		50 000.00

2012年 月	日	凭证号数	摘 要	科 目 及 子 细 目	借方金额	贷方金额
4	5	5	收到租金	银行存款	24 000.00	
				其他业务收入		24 000.00
	30	6	按公允价值转账	公允价值变动损益——投资性房地产	5 000.00	
				投资性房地产——公允价值变动		5 000.00
	30	7	将公允价值变动损益结转本年利润	本年利润	5 000.00	
				公允价值变动损益——投资性房地产		5 000.00
5	5	8	收到租金	银行存款	24 000.00	
				其他业务收入		24 000.00
	31	9-1	出售办公楼	银行存款	5 048 000.00	
				其他业务收入		5 048 000.00
		9-2	结转销售成本	其他业务成本	5 045 000.00	
				投资性房地产——成本		5 000 000.00
				投资性房地产——公允价值变动		45 000.00

第十章 负 债

判 断 题

一、是非题

1. 错 2. 对 3. 错 4. 错 5. 对 6. 错 7. 对 8. 错 9. 错 10. 错
11. 对

二、单项选择题

1. C 2. A 3. B

三、多项选择题

1. ABCD 2. BCD 3. AD 4. ABD 5. ABD

练 习 题

练习题一 练习短期借款和应付职工薪酬的核算

编制会计分录如图表题解 10-1 所示。

图表题解 10-1

会 计 分 录

2012年 月	2012年 日	凭证 号数	摘 要	科目及子细目	借方金额	贷方金额
1	1	1	借入 6 个月期限借款	银行存款　　短期借款	200 000.00	200 000.00
	10	2	归还已到期借款	短期借款　　银行存款	150 000.00	150 000.00
	15	3	提取现金备发职工薪酬	库存现金　　银行存款	83 452.00	83 452.00

2012年		凭证号数	摘 要	科 目 及 子 细 目	借方金额	贷方金额
月	日					
1	15	4	发放职工薪酬	应付职工薪酬——工资	101 850.00	
				库存现金		83 452.00
				其他应付款——住房公积金		7 129.50
				其他应付款——养老保险费		8 148.00
				其他应付款——医疗保险费		2 037.00
				其他应付款——失业保险费		1 018.50
				应交税费——应交个人所得税		65.00
	25	5	分配各类人员已付的职工薪酬	销售费用——职工薪酬	84 500.00	
				管理费用——职工薪酬	15 800.00	
				管理费用——劳动保险费	1 550.00	
				应付职工薪酬——工资		101 850.00
	26	6	分别计提职工福利费、工会经费和职工教育经费	销售费用——职工薪酬	14 787.50	
				管理费用——职工薪酬	2 765.00	
				管理费用——劳动保险费	271.25	
				应付职工薪酬——职工福利费		14 259.00
				应付职工薪酬——工会经费		2 037.00
				应付职工薪酬——职工教育经费		1 527.75
	27	7	根据工资总额计提医疗保险费	应付职工薪酬——职工福利	12 222.00	
				应付职工薪酬——社会保险费		12 222.00
	27	8	根据工资总额分别计提养老保险费、失业保险费和住房公积金	销售费用——职工薪酬	10 140.00	
				管理费用——职工薪酬	1 896.00	
				管理费用——劳动保险费	186.00	
				应付职工薪酬——社会保险费		5 092.50
				应付职工薪酬——住房公积金		7 129.50
	28	9	交纳医疗保险费、养老保险费、失业保险费和住房公积金及个人所得税	其他应付款——养老保险费	8 148.00	
				其他应付款——医疗保险费	2 037.00	
				其他应付款——失业保险费	1 018.50	
				其他应付款——住房公积金	7 129.50	
				应付职工薪酬——社会保险费	17 314.50	
				应付职工薪酬——住房公积金	7 129.50	
				应交税费——应交个人所得税	65.00	
				银行存款		42 842.00
	30	10	职工报销家属医药费、学习科学文化学费以及支付职工困难补助费	应付职工薪酬——职工福利	1 150.00	
				应付职工薪酬——职工教育经费	800.00	
				库存现金		1 950.00

练习题二 练习长期借款的核算

编制会计分录如图表题解 10-2 所示。

图表题解 10-2

会 计 分 录

2009年 月	日	凭证号数	摘 要	科目及子细目	借方金额	贷方金额
3	31	1	向银行借入专门借款	银行存款 　　长期借款——专门借款——本金	570 000.00	570 000.00
4	1	2	支付上海建筑公司第一期工程款	在建工程——建筑工程——建造营业厅 　　银行存款	350 000.00	350 000.00
	30	3	计提本月专门借款利息	在建工程——建筑工程——建造营业厅 　　长期借款——专门借款——利息	3 800.00	3 800.00
2010年 3	31	4	收到尚未动用专门借款资金利息收入	银行存款 　　在建工程——建筑工程——建造营业厅	1 584.00	1 584.00
		5	支付上海建筑公司第二期工程款	在建工程——建筑工程——建造营业厅 　　银行存款	260 000.00	260 000.00
4	30	6	支付上海建筑公司剩余工程款	在建工程——建筑工程——建造营业厅 　　银行存款	10 000.00	10 000.00
		7	计提本月专门借款和一般借款利息费用	在建工程——建筑工程——建造营业厅 　　长期借款——专门借款——利息 　　长期借款——一般借款——利息	4 010.00	3 800.00 210.00
		8	营业厅已达到预定可使用状态予以转账	固定资产 　　在建工程——建筑工程——建造营业厅	658 026.00	658 026.00
	30	9	计提本月份专门借款利息	财务费用——利息支出 　　长期借款——专门借款——利息	3 800.00	3 800.00
2011 年 3	31	10	归还建造营业厅专门借款的本金和利息	长期借款——专门借款——本金 长期借款——专门借款——利息 财务费用——利息支出 　　银行存款	570 000.00 87 400.00 3 800.00	661 200.00

练习题三 练习应付债券的核算

1. 编制飞马游乐场的会计分录如图表题解 10-3 所示。

图表题解 10-3

会 计 分 录

2009年 月	日	凭证号数	摘 要	科目及子细目	借方金额	贷方金额
4	25	(1)	为建造游乐园支付债券发行费用	在建工程——建筑工程——建造游乐园 　银行存款	9 450.00	9 450.00
	30	(2)	按面值发行期限为2年的债券	银行存款 　应付债券——面值	630 000.00	630 000.00
	30	(3)	支付建造游乐园第一期工程款	在建工程——建筑工程——建造游乐园 　银行存款	360 000.00	360 000.00
5	31	(4)	计提本月份债券利息	在建工程——建筑工程——建造游乐园 　应付债券——应计利息	4 200.00	4 200.00
2010年 4	30	(5)	收到尚未动用的发行债券资金的利息收入	银行存款 　在建工程——建筑工程——建造游乐园	1 944.00	1 944.00
	30	(6)	支付建造游乐园剩余工程款	在建工程——建筑工程——建造游乐园 　银行存款	180 000.00	180 000.00
	30	(7)	游乐园验收使用，予以转账	固定资产——经营用固定资产 　在建工程——安装工程——建造游乐园	597 906.00	597 906.00
5	31	(8)	计提本月份债券利息	财务费用——利息支出 　应付债券——应计利息	4 200.00	4 200.00
2011年 4	30	(9)	支付到期债券本金和利息	应付债券——面值 应付债券——应计利息 财务费用——利息支出 　银行存款	630 000.00 96 600.00 4 200.00	730 800.00

2. 编制海景宾馆的会计分录如图表题解 10-4 所示。

图表题解 10-4

会 计 分 录

2010年 月	日	凭证号数	摘 要	科 目 及 子 细 目	借方金额	贷方金额
2	5	(1)	支付债券发行费用	在建工程——建筑工程——建造客房	9 000.00	
				银行存款		9 000.00
2	28	(2)	溢价发行债券	银行存款	615 444.00	
				应付债券——面值		600 000.00
				应付债券——利息调整		15 444.00
		(3)	支付建造客房第一期工程款	在建工程——建筑工程——建造客房	450 000.00	
				银行存款		450 000.00
12	31	(4-1)	计提本月份债券利息	在建工程——建筑工程——建造客房	4 500.00	
				应付利息		4 500.00
		(4-2)	摊销本月份利息调整额	应付债券——利息调整	429.00	
				在建工程——建筑工程——建造客房		429.00
2011年 2	28	(5)	收到尚未动用发行债券资金的利息收入	银行存款	1 080.00	
				在建工程——建筑工程——建造客房		1 080.00
		(6-1)	支付投资者一年期债券利息	在建工程——建筑工程——建造客房	4 500.00	
				应付利息	49 500.00	
				银行存款		54 000.00
		(6-2)	摊销本月份利息调整额	应付债券——利息调整	429.00	
				在建工程——建筑工程——建造客房		429.00
		(7)	支付建造客房剩余工程款	在建工程——建筑工程——建造客房	150 000.00	
				银行存款		150 000.00
		(8)	建造客房完工验收使用	固定资产——经营用固定资产	656 772.00	
				在建工程——建筑工程——建造客房		656 772.00

3. 编制天马旅行社的会计分录如图表题解 10-5 所示。

图表题解 10-5

会 计 分 录

2009年 月	日	凭证号数	摘 要	科 目 及 子 细 目	借方金额	贷方金额
3	28	(1)	为补充流动资金支付债券发行费用	财务费用——利息支出	3 600.00	
				银行存款		3 600.00
	31	(2)	折价发行债券	银行存款	235 711.20	
				应付债券——利息调整	4 288.80	
				应付债券——面值		240 000.00

（续表）

2009年		凭证号数	摘　要	科目及子细目	借方金额	贷方金额
月	日					
4	30	(3-1)	计提本月份债券利息	财务费用——利息支出 　　应付利息	1 400.00	1 400.00
		(3-2)	摊销本月份利息调整额	财务费用——利息支出 　　应付债券——利息调整	178.70	178.70
2010年		(4-1)	支付投资者 1 年期利息	应付利息 财务费用——利息支出 　　银行存款	15 400.00 1 400.00	16 800.00
3	31					
		(4-2)	摊销本月份利息调整额	财务费用——利息支出 　　应付债券——利息调整	178.70	178.70
2011年		(5-1)	偿还债券本金及最后 1 年利息	应付债券——面值 应付利息 财务费用——利息支出 　　银行存款	240 000.00 15 400.00 1 400.00	256 800.00
3	31					
		(5-2)	摊销本月份利息调整额	财务费用——利息支出 　　应付债券——利息调整	178.70	178.70

　　4. 用实际利率法计算各年的利息调整摊销额如图表题解 10-6、图表题解 10-7所示。

图表题解 10-6

利息调整摊销额计算表（贷方余额）

单位：元

付息期数	票面利息	实际利息	利息调整摊销额	利息调整贷方余额	应付债券现值
(1)	(2)=面值×票面利率	(3)=上期(6)×实际利率	(4)=(2)-(3)	(5)=上期利息调整额-(4)	(6)=面值+(5)
发行时				15 444.00	615 444.00
1	54 000.00	49 235.52	4 764.48	10 679.52	610 679.52
2	54 000.00	48 854.36	5 145.64	5 533.88	605 533.88
3	54 000.00	48 466.12	5 533.88	0	600 000.00

图表题解 10-7

利息调整摊销额计算表(借方余额)

单位:元

付息期数	票面利息	实际利息	利息调整摊销额	利息调整借方余额	应付债券现值
(1)	(2)=面值×票面利率	(3)=上期(6)×实际利率	(4)=(3)-(2)	(5)=上期利息调整额-(4)	(6)=面值+(5)
发行时				4 288.80	235 711.20
1	16 800.00	18 856.90	2 056.90	2 231.90	237 768.10
2	16 800.00	19 031.90	2 231.90	0	240 000.00

练习题四 练习长期应付款的核算

编制会计分录如图表题解 10-8 所示。

图表题解 10-8

会 计 分 录

2011年 月	日	凭证号数	摘要	科目及子细目	借方金额	贷方金额
1	2	1	支付融资租赁大客车初始直接费用	固定资产——融资租入固定资产	1 000.00	
				银行存款		1 000.00
		2	融资租入大客车1辆	固定资产——融资租入固定资产	156 340.60	
				未确认融资费用	23 659.40	
				长期应付款——应付融资租赁款		180 000.00
	31	3	摊销本月份未确认的融资费用	财务费用——利息支出	657.21	
				未确认融资费用		657.21
12	31	4	支付本年度大客车租金	长期应付款——应付融资租赁款	60 000.00	
				银行存款		60 000.00
3 年后		5-1	支付大客车购价	长期应付款——应付融资租赁款	2 000.00	
				银行存款		2 000.00
		5-2	取得大客车所有权	固定资产——经营用固定资产	158 340.60	
				固定资产——融资租入固定资产		158 340.60

练习题五 练习预计负债的核算

编制会计分录如图表题解 10-9 所示。

图表题解 10-9

会 计 分 录

2011年 月	2011年 日	凭证号数	摘 要	科 目 及 子 细 目	借方金额	贷方金额
1	3	(1)	因违约诉讼案可能败诉损失转账	营业外支出——赔偿支出 　预计负债——未决诉讼	85 000.00	85 000.00
	10	(2)	因担保诉讼案可能承担还款责任损失转账	营业外支出——赔偿支出 　预计负债——未决诉讼	120 000.00	120 000.00
3	18	(3-1)	支付诉讼费	管理费用——诉讼费 　银行存款	9 200.00	9 200.00
		(3-2)	违约诉讼案败诉损失差额转账	营业外支出——赔偿支出 预计负债——未决诉讼 　其他应付款	7 000.00 85 000.00	92 000.00
	28	(4)	支付违约诉讼案款项	其他应付款 　银行存款	92 000.00	92 000.00
	31	(5)	因担保协议承担还款责任转账	预计负债——未决诉讼 　其他应付款	120 000.00	120 000.00

第十一章 所有者权益

判 断 题

一、是非题
1. 对 2. 对 3. 错 4. 错 5. 错 6. 错 7. 对 8. 错

二、单项选择题
1. B 2. D 3. C 4. B 5. C

三、多项选择题
1. ABD 2. AC 3. BC 4. ABC 5. ABC

练 习 题

练习题一 练习投资者投入资本的核算

编制会计分录如图表题解 11-1 所示。

图表题解 11-1

会 计 分 录

2010年 月	日	凭证号数	摘要	科目及子细目	借方金额	贷方金额
1	1	(1)	收到京华公司投入房屋	固定资产 　实收资本——京华公司	850 000.00	850 000.00
	2	(2)	收到京华公司投入流动资金	银行存款 　实收资本——京华公司	202 000.00	202 000.00
	5	(3)	收到安凯公司美元投资	银行存款——美元户(200 000×6.34) 　实收资本——安凯公司	1 268 000.00	1 268 000.00
	10	(4)	京华公司投入大客车1辆	固定资产 　实收资本——京华公司	180 000.00	180 000.00
2011年 4	5	(1)	京华公司投入房屋1幢	固定资产 　实收资本——京华公司 　资本公积——资本溢价	990 000.00	900 000.00 90 000.00

（续表）

2011年		凭证号数	摘　要	科目及子细目	借方金额	贷方金额
月	日					
4	8	（2）	广源饭店投入非专利技术1项	无形资产——非专利技术 实收资本——广源饭店 资本公积——资本溢价	165 000.00	150 000.00 15 000.00
	10	（3）	广源饭店投入现金	银行存款 实收资本——广源饭店 资本公积——资本溢价	495 000.00	450 000.00 45 000.00

练习题二　练习库存股的核算

1. 编制湖滨旅游股份有限公司的会计分录如图表题解 11-2 所示。

图表题解 11-2

会 计 分 录

2010年		凭证号数	摘　要	科目及子细目	借方金额	贷方金额
月	日					
1	31	（1）	根据经营情况将本月份职工提供服务应奖励金额计入费用	销售费用 管理费用 资本公积——其他资本公积	12 500.00 7 500.00	20 000.00
2	25	（2）	购进本公司普通股	库存股 银行存款	236 944.00	236 944.00
	25	（3）	将库存股奖励给职工按授予日公允价值转账	资本公积——其他资本公积 库存股 资本公积——股本溢价	240 000.00	236 944.00 2 056.00

2. 编制天利饭店股份有限公司的会计分录如图表题解 11-3 所示。

图表题解 11-3

会 计 分 录

2011年		凭证号数	摘　要	科目及子细目	借方金额	贷方金额
月	日					
3	15	1	购进本公司普通股150 000 股	库存股 银行存款	828 300.00	828 300.00
5	20	2	购进本公司普通股100 000 股	库存股 银行存款	557 220.00	557 220.00
	22	3	将收购的普通股予以注销	股本 资本公积——股本溢价 盈余公积 库存股	250 000.00 869 800.00 265 720.00	1 385 520.00

练习题三　练习资本公积和盈余公积的核算

编制会计分录如图表题解 11-4 所示。

图表题解 11-4

会 计 分 录

2011年 月	日	凭证 号数	摘　要	科 目 及 子 细 目	借方金额	贷方金额
12	1	1	收到兴业旅行社投资额	银行存款	438 000.00	
				实收资本		365 000.00
				资本公积——资本溢价		73 000.00
	2	2	收到外商投资额	银行存款——美元户(120 000×6.35)	762 000.00	
				实收资本		635 000.00
				资本公积——资本溢价		127 000.00
	31	3	静安公司所有者权益增加予以转账	长期股权投资——其他权益变动	12 000.00	
				资本公积——其他资本公积		12 000.00
		4	持有的黄海公司股票每股公允价值变动予以转账	可供出售金融资产——公允价值变动	3 200.00	
				资本公积——其他资本公积		3 200.00
		5	将持有至到期债券重分类为可供出售金融资产	可供出售金融资产——成本	108 800.00	
				持有至到期投资——成本		100 100.00
				持有至到期投资——应计利息		8 000.00
				资本公积——其他资本公积		700.00
		6	经批准将资本公积、法定盈余公积转增资本	资本公积——资本溢价	100 000.00	
				盈余公积——法定盈余公积	150 000.00	
				实收资本		250 000.00

第十二章　期间费用和税金

判　断　题

一、是非题

1. 对　2. 错　3. 错　4. 错　5. 错　6. 对

二、单项选择题

1. C　2. D　3. B

三、多项选择题

1. BCD　2. ABCD　3. ABD

练　习　题

练习题一　练习划分费用范围及其分类

填制期间费用科目及其子目划分表如图表题解 12-1 所示。

图表题解 12-1

期间费用科目及其子目划分表

经 济 业 务	属于费用范围	不属于费用范围
	应列入哪个科目、子目核算	应列入哪个科目核算
1. 支付经营人员工资	销售费用——职工薪酬	
2. 支付接待外宾费用	管理费用——外事费	
3. 支付行政管理人员工资	管理费用——职工薪酬	
4. 支付聘请中介机构进行查账验资的费用	管理费用——聘请中介机构费	
5. 支付经营部门本月份水电费	销售费用——水电费	
6. 支付自有卡车过渡费	销售费用——运输费	
7. 采购人员预支差旅费		其他应收款

(续表)

经 济 业 务	属于费用范围	不属于费用范围
	应列入哪个科目、子目核算	应列入哪个科 目 核 算
8. 宾馆餐饮部门耗用煤 2 吨	销售费用——燃料费	
9. 支付经营部门电话费	销售费用——邮电费	
10. 财会部门耗用文具用品	管理费用——公司经费	
11. 支付交际应酬费	管理费用——业务招待费	
12. 餐厅领用碗、盘等餐具	销售费用——物料消耗	
13. 支付排污费用	管理费用——排污费	
14. 经理报销差旅费	管理费用——公司经费	
15. 支付本年度财产保险费		待摊费用
16. 支付保险箱修理费	管理费用——修理费	
17. 管理部门用低值易耗品摊销	管理费用——低值易耗品摊销	
18. 企业被罚滞纳金		营业外支出
19. 支付经营部门职工节日加班费	销售费用——职工薪酬	
20. 计提的存货跌价准备		资产减值损失
21. 支付行政管理部门租赁固定资产的费用	管理费用——租赁费	
22. 职工家属报销医药费		应付职工薪酬
23. 计提的经营部门固定资产折旧费	销售费用——折旧费	
24. 支付卡车使用税	管理费用——税金	
25. 支付经营账册印花税	管理费用——税金	
26. 支付银行办理结算的手续费	财务费用——手续费	

练习题二　练习期间费用的核算

1. 编制会计分录如图表题解 12-2 所示。

图表题解 12-2

会 计 分 录

2012年		凭证 号数	摘　要	科 目 及 子 细 目	借方金额	贷方金额
月	日					
1	2	(1)	支付本年度财产保险费	待摊费用——保险费 银行存款	45 000.00	45 000.00

2012年 月	2012年 日	凭证号数	摘　要	科目及子细目	借方金额	贷方金额
1	4	(2)	支付查账验资费用	管理费用——聘请中介机构费	2 580.00	
				银行存款		2 580.00
	6	(3)	支付经营部门电话费	销售费用——邮电费	940.00	
				库存现金		940.00
	10	(4)	支付职工制作工作服装款	销售费用——服装费	8 100.00	
				银行存款		8 100.00
	12	(5)	支付本月份房屋租赁费	销售费用——租赁费	6 300.00	
				管理费用——租赁费	2 500.00	
				银行存款		8 800.00
	15	(6)	提现备发工资	库存现金	87 012.00	
				银行存款		87 012.00
	15	(7)	发放本月份职工薪酬	应付职工薪酬——工资	106 200.00	
				库存现金		87 012.00
				其他应付款——住房公积金		7 434.00
				其他应付款——养老保险费		8 496.00
				其他应付款——医疗保险费		2 124.00
				其他应付款——失业保险费		1 062.00
				应交税费——应交个人所得税		72.00
	16	(8)	经营部门报废助动车1辆,残料出售	库存现金	150.00	
				低值易耗品——低值易耗品摊销	750.00	
				销售费用——低值易耗品摊销	600.00	
				低值易耗品——在用低值易耗品		1 500.00
	18	(9)	提取固定资产折旧费	销售费用——折旧费	6 320.00	
				管理费用——折旧费	1 200.00	
				累计折旧		7 520.00
	20	(10-1)	购入新写字台1只,管理部门当即领用	低值易耗品——在用低值易耗品	1 500.00	
				银行存款		1 500.00

（续表）

2012年		凭证号数	摘　要	科目及子细目	借方金额	贷方金额
月	日					
1	20	(10-2)	新写字台按五五摊销法摊销	管理费用——低值易耗品摊销	750.00	
				低值易耗品——低值易耗品摊销		750.00
	21	(11)	业务员预支差旅费	其他应收款——汪明	1 500.00	
				库存现金		1 500.00
	22	(12)	业务员报销交际应酬费	管理费用——业务招待费	960.00	
				库存现金		960.00
	23	(13)	财会部门购文具用品	管理费用——公司经费	220.00	
				库存现金		220.00
	24	(14)	业务员报销差旅费	销售费用——差旅费	1 460.00	
				库存现金	40.00	
				其他应收款——汪明		1 500.00
	24	(15)	支付本月电费	销售费用——水电费	2 100.00	
				管理费用——水电费	400.00	
				银行存款		2 500.00
	24	(16)	摊销本月份负担的保险费用	销售费用——保险费	3 000.00	
				管理费用——保险费	750.00	
				待摊费用——保险费		3 750.00
	25	(17)	分配本月份各类人员职工薪酬	销售费用——职工薪酬	90 200.00	
				管理费用——职工薪酬	16 000.00	
				应付职工薪酬——工资		106 200.00
	26	(18)	计提职工福利费、工会经费和职工教育经费	销售费用——职工薪酬	15 785.00	
				管理费用——职工薪酬	2 800.00	
				应付职工薪酬——职工福利		14 868.00
				应付职工薪酬——工会经费		2 124.00
				应付职工薪酬——职工教育经费		1 593.00
	27	(19)	计提医疗保险费	应付职工薪酬——职工福利	12 744.00	
				应付职工薪酬——社会保险费		12 744.00

2012年		凭证号数	摘　要	科目及子细目	借方金额	贷方金额
月	日					
1	27	(20)	计提养老保险费、失业保险费和住房公积金	销售费用——职工薪酬	10 824.00	
				管理费用——职工薪酬	1 920.00	
				应付职工薪酬——社会保险费		5 310.00
				应付职工薪酬——住房公积金		7 434.00
	28	(21)	交纳本月份的医疗保险费、养老保险费、失业保险费和住房公积金	应付职工薪酬——社会保险费	18 054.00	
				应付职工薪酬——住房公积金	7 434.00	
				其他应付款——住房公积金	7 434.00	
				其他应付款——养老保险费	8 496.00	
				其他应付款——医疗保险费	2 124.00	
				其他应付款——失业保险费	1 062.00	
				银行存款		44 604.00
	29	(22)	经营部门领用饭碗、盘子等,管理部门领用报告纸、复印纸等	销售费用——材料消耗	960.00	
				管理费用——公司经费	320.00	
				原材料		1 280.00
	30	(23)	摊销专利权费用	管理费用——无形资产摊销	1 080.00	
				累计摊销		1 080.00
	31	(24)	计提短期借款利息	财务费用——利息支出	1 260.00	
				应付利息		1 260.00
2012年		(1)	支付本季度短期借款利息	应付利息	2 460.00	
3	31			财务费用——利息支出	1 320.00	
				银行存款		3 780.00
	31	(2)	收到本季度银行存款利息	银行存款	504.00	
				其他应收款		318.00
				财务费用——利息支出		186.00

2. 登记"销售费用"明细账如图表题解 12-3 所示。

图表题解12-3

销售费用明细账

单位:元

2012年 月	日	凭证号数	摘　要	保险费	水电费	邮电费	差旅费	折旧费	低值易耗品摊销	租赁费	物料消耗	职工薪酬	服装费	合　计
1	6	3	支付电话费			940.00								940.00
	10	4	支付职工制作服装费										8 100.00	8 100.00
	12	5	支付营业房屋租赁费							6 300.00				6 300.00
	16	8	报废助动车摊销						600.00					600.00
	18	9	计提固定资产折旧					6 320.00						6 320.00
	24	14	业务员报销差旅费				1 460.00							1 460.00
	24	15	支付电费		2 100.00									2 100.00
	24	16	摊销保险费	3 000.00										3 000.00
	25	17	分配职工薪酬									90 200.00		90 200.00
	26	18	计提职工福利费、工会经费和职工教育经费									15 785.00		15 785.00
	27	20	计提社会保险费和住房公积金									10 824.00		10 824.00
	29	22	领用饭碗、盘子等用具								960.00			960.00
1	31		本月合计	3 000.00	2 100.00	940.00	1 460.00	6 320.00	600.00	6 300.00	960.00	116 809.00	8 100.00	146 589.00

练习题三　练习税金和教育费附加的核算

编制会计分录如图表题解 12-4 所示。

图表题解 12-4

会计分录

2012年		凭证号数	摘　要	科目及子细目	借方金额	贷方金额
月	日					
3	31	1	计提营业税	营业税金及附加	14 000.00	
				应交税费——应交营业税		14 000.00
	31	2	将应交的增值税额入账	应交税费——应交增值税——转出未交增值税	3 570.00	
				应交税费——未交增值税——转入未交增值税		3 570.00
	31	3	计提城市维护建设税	营业税金及附加	1 229.90	
				应交税费——应交城市维护建设税		1 229.90
	31	4	计提教育费附加	营业税金及附加	527.10	
				应交税费——教育费附加		527.10
	31	5	结转营业税金及附加	本年利润	15 757.00	
				营业税金及附加		15 757.00
4	5	6	交纳各种税费	应交税费——应交营业税	14 000.00	
				应交税费——未交增值税——转入未交增值税	3 570.00	
				应交税费——应交城市维护建设税	1 229.90	
				应交税费——教育费附加	527.10	
				银行存款		19 327.00

第十三章　利润和利润分配

判　断　题

一、是非题

1. 错　2. 对　3. 错　4. 错　5. 对　6. 错　7. 错　8. 对　9. 错

二、单项选择题

1. B　2. C

三、多项选择题

1. ABD　2. ABC　3. BC

练　习　题

练习题一　练习利润总额的核算

1. 编制会计分录如图表题解 13-1 所示。

图表题解 13-1

会 计 分 录

2012年 月	日	凭证 号数	摘　要	科 目 及 子 细 目	借方金额	贷方金额
1	31	(1)	预提本月短期借款 利息	财务费用——利息支出 预提费用——利息	1 860.00	1 860.00
		(2)	摊销本月负担的广 告费	销售费用——广告宣传费 待摊费用——广告宣传费	1 600.00	1 600.00
	31	(3)	计提本月份营业税	营业税金及附加 应交税费——应交营业税	27 750.00	27 750.00
		(4)	计提城市维护建设 税和教育税附加	营业税金及附加 应交税费——应交城市维护建设税 应交税费——应交教育费附加	2 775.00	1 942.50 832.50

（续表）

2012年		凭证号数	摘　要	科　目　及　子　细　目	借方金额	贷方金额
月	日					
1	31	(5)	损益类贷方余额账户结转本年利润	主营业务收入	540 000.00	
				其他业务收入	15 000.00	
				公允价值变动损益	1 020.00	
				投资收益	3 000.00	
				营业外收入	2 400.00	
				本年利润		561 420.00
		(6)	损益类借方余额账户结转本年利润	本年利润	529 485.00	
				主营业务成本		425 600.00
				其他业务成本		8 100.00
				营业税金及附加		30 525.00
				销售费用		31 200.00
				管理费用		28 800.00
				财务费用		2 314.00
				资产减值损失		1 820.00
				营业外支出		1 126.00

2. 登记"本年利润"账户如图表题解 13-2 所示。

图表题解 13-2

本　年　利　润

单位:元

2012年		凭证号数	摘　要	借　方	贷　方	借或贷	余　额
月	日						
1	31	5	主营业务收入转入		540 000.00		
			其他业务收入转入		15 000.00		
			公允价值变动损益转入		1 020.00		
			投资收益转入		3 000.00		
			营业外收入转入		2 400.00		
	31	6	主营业务成本转入	425 600.00			
			其他业务成本转入	8 100.00			
			营业税金及附加转入	30 525.00			
			销售费用转入	31 200.00			
			管理费用转入	28 800.00			
			财务费用转入	2 314.00			
			资产减值损失转入	1 820.00			
			营业外支出转入	1 126.00		贷	31 935.00

练习题二　练习所得税的核算

第 1 年：

　　本期所得税额＝(500 000＋16 000×40％－10 800＋2 800＋3 200＋72 000－

　　　　　　　　　　100 000)×25％＝118 400(元)

　　递延所得税负债＝100 000×25％＝25 000(元)

　　递延所得税资产＝(2 800＋3 200＋72 000)×25％＝19 500(元)

　　所得税费用＝118 400＋25 000－19 500＝123 900(元)

(1) 根据计算的结果,将本年度所得税费用入账,作分录如下：

　　借：所得税费用　　　　　　　　　　　　　　　　　　123 900.00

　　借：递延所得税资产　　　　　　　　　　　　　　　　 19 500.00

　　　　贷：应交税费——应交所得税　　　　　　　　　　　118 400.00

　　　　贷：递延所得税负债　　　　　　　　　　　　　　　 25 000.00

(2) 将所得税费用结转"本年利润"账户,作分录如下：

　　借：本年利润　　　　　　　　　　　　　　　　　　　123 900.00

　　　　贷：所得税费用　　　　　　　　　　　　　　　　　123 900.00

第 2 年：

　　本期所得税费用＝[550 000＋17 500×40％－12 000＋3 600＋4 000－

　　　　　　　　　　(100 000－10 000)]×25％＝115 650(元)

　　递延所得税负债＝(100 000－10 000)×25％＝22 500(元)

　　递延所得税资产＝(3 600＋4 000)×25％＝1 900(元)

(1) 根据计算的结果,将本年度所得税费用入账,作分录如下：

　　借：所得税费用(115 650－2 500＋17 600)　　　　　　130 750.00

　　借：递延所得税负债(22 500－25 000)　　　　　　　　 2 500.00

　　　　贷：应交税费——应交所得税　　　　　　　　　　　115 650.00

　　　　贷：递延所得税资产(1 900－19 500)　　　　　　　 17 600.00

(2) 将所得税费用结转"本年利润"账户,作分录如下：

　　借：本年利润　　　　　　　　　　　　　　　　　　　130 750.00

　　　　贷：所得税费用　　　　　　　　　　　　　　　　　130 750.00

练习题三　练习利润的核算

编制会计分录如图表题解 13-3 所示。

图表题解 13-3

会　计　分　录

2011年 月	日	凭证 号数	摘　要	科　目　及　子　细　目	借方金额	贷方金额
11	30	1	将损益类贷方 余额账户结转 本年利润	主营业务收入	380 000.00	
				其他业务收入	18 000.00	
				公允价值变动损益	1 780.00	
				投资收益	3 600.00	
				营业外收入	1 720.00	
				本年利润		405 100.00
11	30	2	将损益类借方 余额账户结转 本年利润	本年利润	366 700.00	
				主营业务成本		225 000.00
				其他业务成本		12 000.00
				营业税金及附加		21 890.00
				销售费用		74 500.00
				管理费用		28 600.00
				财务费用		1 500.00
				资产减值损失		1 800.00
				营业外支出		1 410.00
		3	计提应交所 得税	所得税费用	9 600.00	
				应交税费——应交所得税		9 600.00
		4	将所得税结转 本年利润	本年利润	9 600.00	
				所得税费用		9 600.00
12	10	5	交纳上月的所 得税	应交税费——应交所得税	9 600.00	
				银行存款		9 600.00
	25	6	预交本月份所 得税	应交税费——应交所得税	10 000.00	
				银行存款		10 000.00
	31	7	清算本年度所 得税	所得税费用（10 165＋2 200－2 750）	9 615.00	
				递延所得税负债（11 000－13 750）	2 750.00	
				递延所得税资产（3 990－6 190）		2 200.00
				应交税费——应交所得税		10 165.00
	31	8	将所得税结转 本年利润	本年利润	9 615.00	
				所得税费用		9 615.00
2012年 1	15	9	清缴上年度所 得税	应交税费——应交所得税	165.00	
				银行存款		165.00

清算本年度应交所得税算式：

本年所得税额＝[505 000＋17 000×40％＋8 800－7 500＋4 760＋11 200－

（110 000－66 000）]×25％＝121 265（元）

本月所得税额＝121 265－101 500－9 600＝10 165(元)

递延所得税负债＝(110 000－66 000)×25%＝11 000(元)

递延所得税资产＝(4 760＋11 200)×25%＝3 990(元)

练习题四　练习利润分配的核算

1. 编制会计分录如图表题解 13-4 所示。

图表题解 13-4

会　计　分　录

2011年 月	日	凭证号数	摘　要	科　目　及　子　细　目	借方金额	贷方金额
12	31	1	计提盈余公积	利润分配——提取法定盈余公积	48 000.00	
				利润分配——提取任意盈余公积	28 800.00	
				盈余公积——法定盈余公积		48 000.00
				盈余公积——任意盈余公积		28 800.00
	31	2	计提应付给投资者的利润	利润分配——应付现金股利或利润	360 000.00	
				应付股利——国家		288 000.00
				应付股利——沪光工厂		72 000.00
	31	3-1	将本年利润结转未分配利润账户	本年利润	480 000.00	
				利润分配——未分配利润		480 000.00
		3-2	将利润分配各明细账户余额结转未分配利润	利润分配——未分配利润	436 800.00	
				利润分配——提取法定盈余公积		48 000.00
				利润分配——提取任意盈余公积		28 800.00
				利润分配——应付现金股利或利润		360 000.00

2. 登记"本年利润"、"利润分配"总分类账户如图表题解 13-5 所示。

图表题解 13-5

总　分　类　账　户

借方	本 年 利 润	贷方		借方	利 润 分 配	贷方
(3-1)	480 000	余额　480 000		(1)	76 800	余额　　　37 800
本期发生额	480 000			(2)	360 000	(3-1)　480 000
		期末余额　　　-0-		(3-2)	436 800	(3-2)　436 800
				本期发生额　873 600		本期发生额　916 800
						期末余额　　81 000

3. 登记"利润分配"明细分类账户如图表题解 13-6 所示。

图表题解 13-6

利润分配明细分类账户

账户名称：提取法定盈余公积

2011年		凭证号数	摘　　　要	借　方	贷　方	借或贷	余　额
月	日						
12	31	1	计提法定盈余公积	48 000.00		借	48 000.00
		3-2	结转未分配利润账户		48 000.00	平	-0-
12	31		本期发生额及余额	48 000.00	48 000.00	平	-0-

账户名称：任意盈余公积

2011年		凭证号数	摘　　　要	借　方	贷　方	借或贷	余　额
月	日						
12	31	1	计提盈余公积	28 800.00		借	28 800.00
		3-2	结转未分配利润账户		28 800.00	平	-0-
12	31		本期发生额及余额	28 800.00	28 800.00	平	-0-

账户名称：应付现金股利或利润

2011年		凭证号数	摘　　　要	借　方	贷　方	借或贷	余　额
月	日						
12	31	2	计提应付给投资者的利润	360 000.00		借	360 000.00
		3-2	结转未分配利润账户		360 000.00	平	-0-
12	31		本期发生额及余额	360 000.00	360 000.00	平	-0-

账户名称：未分配利润

2011年		凭证号数	摘　　　要	借　方	贷　方	借或贷	余　额
月	日						
12	1		余额			贷	37 800.00
	31	3-1	本年利润账户转入		480 000.00		
		3-2	提取法定盈余公积账户转入	48 000.00		贷	
		3-2	提取任意盈余公积账户转入	28 800.00		贷	
		3-2	应付现金股利或利润账户转入	360 000.00		贷	
12	31		本期发生额及余额	436 800.00	480 000.00	贷	81 000.00

第十四章 财务报告

判 断 题

一、是非题

1. 对 2. 错 3. 错 4. 错 5. 对 6. 错 7. 错 8. 错 9. 错 10. 错 11. 对 12. 对

二、单项选择题

1. C 2. B 3. D 4. B

三、多项选择题

1. ACD 2. ABCD 3. ACD 4. BD 5. ABD 6. AC

练 习 题

练习题一 练习财务报表的编制

1. 编制资产负债表如图表题解 14-1 所示。

图表题解 14-1

资 产 负 债 表

会企01表

编制单位：长春宾馆　　　　2011 年 12 月 31 日　　　　　　　单位：元

资　　产	行次	期末余额	年初余额	负债和所有者权益（或股东权益）	行次	期末余额	年初余额
流动资产：				流动负债：			
货币资金	1	195 000.00	180 000.00	短期借款	56	132 000.00	122 000.00
交易性金融资产	2	98 000.00	90 000.00	交易性金融负债	57		
应收票据	3	19 000.00	18 000.00	应付票据	58	19 100.00	18 600.00
应收账款	4	258 000.00	246 800.00	应付账款	59	99 360.00	72 330.00
预付款项	5	30 800.00	28 600.00	预收款项	60	9 000.00	8 000.00
应收利息	6	5 000.00	3 600.00	应付职工薪酬	61	21 500.00	20 980.00
应收股利	7			应交税费	62	20 840.00	19 820.00

（续表）

资　产	行次	期末余额	年初余额	负债和所有者权益（或股东权益）	行次	期末余额	年初余额
其他应收款	8	12 500.00	11 800.00	应付利息	63		
存货	9	398 000.00	383 000.00	应付股利	64	296 850.00	273 000.00
一年内到期的非流动资产	21	63 000.00	56 000.00	其他应付款	65	7 560.00	6 980.00
其他流动资产	24	31 200.00	28 800.00	一年内到期的非流动负债	70	48 000.00	42 000.00
流动资产合计	31	1 110 500.00	1 046 600.00	其他流动负债	71		
非流动资产：				流动负债合计	75	654 210.00	583 710.00
可供出售金融资产	32			非流动负债：			
持有至到期投资	33	110 000.00	102 000.00	长期借款	81	160 000.00	160 000.00
长期应收款	34			应付债券	82	574 000.00	533 000.00
长期股权投资	35			长期应付款	83		
投资性房地产	36			专项应付款	84		
固定资产	37	2 691 000.00	2 546 500.00	预计负债	85		
在建工程	38	152 900.00	142 800.00	递延所得税负债	95	13 560.00	17 310.00
工程物资	39			其他非流动负债	96		
固定资产清理	40			非流动负债合计	98	747 560.00	710 310.00
无形资产	43	72 000.00	81 000.00	负债合计	100	1 401 770.00	1 294 020.00
开发支出	44			所有者权益（或股东权益）			
商誉	45			实收资本（或股本）	101	2 520 000.00	2 300 000.00
长期待摊费用	46	56 000.00	64 000.00	资本公积	102	15 670.00	235 670.00
递延所得税资产	47	4 750.00	7 550.00	减：库存股	103		
其他非流动资产	48			盈余公积	104	158 148.00	94 820.00
非流动资产合计	50	3 086 650.00	2 943 850.00	未分配利润	105	101 562.00	65 940.00
				所有者权益（或股东权益）合计	106	2 795 380.00	2 696 430.00
资　产　总　计	55	4 197 150.00	3 990 450.00	负债和所有者权益（或股东权益）总计	110	4 197 150.00	3 990 450.00

2. 编制利润表如图表题解 14-2 所示。

图表题解 14-2

利 润 表

会企 02 表

编制单位：长春宾馆　　　　　　2011 年 12 月　　　　　　　　　单位：元

项　　　目	行次	本月金额	本年累计金额
一、营业收入	1	268 000.00	3 150 000.00
减：营业成本	2	60 700.00	719 500.00
营业税金及附加	3	13 400.00	173 250.00
销售费用	4	82 000.00	965 200.00
管理费用	5	62 100.00	732 900.00
财务费用	6	2 900.00	34 500.00
资产减值损失	7	2 320.00	13 450.00
加：公允价值变动收益(损失以"－"号填列)	9	250.00	1 800.00
投资收益(损失以"－"号填列)	10	2 040.00	13 700.00
其中：对联营企业和合营企业的投资收益	11		
二、营业利润(亏损"－"号填列)	15	46 870.00	526 700.00
加：营业外收入	16	2 730.00	9 800.00
减：营业外支出	17	3 900.00	10 500.00
其中：非流动资产处置损失	18		
三、利润总额(亏损总额以"－"号填列)	20	45 700.00	526 000.00
减：所得税费用	21	10 125.00	130 200.00
四、净利润(净亏损以"－"号填列)	22	35 575.00	395 800.00
五、每股收益：	23		
(一)基本每股收益	24		
(二)稀释每股收益	25		

3. 编制利润分配表如图表题解 14-3 所示。

图表题解 14-3

利 润 分 配 表

会 02 表附表 1

编制单位：长春宾馆　　　　　　2011 年度　　　　　　单位：元

项　　　目	行次	本年实际金额	上年实际金额
一、净利润	1	395 800.00	364 000.00
加：年初未分配利润	2	65 940.00	33 180.00
减：盈余公积补亏	4		
二、可供分配的利润	8	461 740.00	397 180.00
减：提取法定盈余公积	9	39 580.00	36 400.00
提取职工奖励及福利基金	11		
提取储备基金	12		
提取企业发展基金	13		
利润归还投资	14		
三、可供投资者分配的利润	16	422 160.00	360 780.00
减：应付优先股股利	17		
提取任意盈余公积	18	23 748.00	21 840.00
应付现金股利或利润	19	296 850.00	273 000.00
转作资本(或股本)的普通股股利	20		
四、未分配利润	25	101 562.00	65 940.00

4. 编制现金流量表如图表题解 14-4 所示。

图表题解 14-4

现 金 流 量 表

会企 03 表

编制单位：长春宾馆　　　　　　2011 年度　　　　　　单位：元

项　　　目	行次	本年金额
一、经营活动产生的现金流量：		
销售商品、提供劳务收到的现金	1	3 143 170.00
收到的税费返还	3	
收到其他与经营活动有关的现金	8	4 870.00

(续表)

项　　　目	行次	本年金额
经营活动现金流入小计	9	3 148 040.00
购买商品、接受劳务支付的现金	10	737 995.00
支付给职工以及为职工支付的现金	12	381 080.00
支付的各项税费	13	311 455.00
支付其他与经营活动有关的现金	18	963 790.00
经营活动现金流出小计	20	2 394 320.00
经营活动产生的现金流量净额	21	753 720.00
二、投资活动产生的现金流量：		
收回投资收到的现金	22	80 000.00
取得投资收益收到的现金	23	12 100.00
处置固定资产、无形资产和其他长期资产收回的现金净额	25	25 110.00
处置子公司及其他营业单位收到的现金净额	26	
收到其他与投资活动有关的现金	28	
投资活动现金流入小计	29	117 210.00
购建固定资产、无形资产和其他长期资产支付的现金	30	496 150.00
投资支付的现金	31	93 000.00
取得子公司及其他营业单位支付的现金净额	32	
支付其他与投资活动有关的现金	35	
投资活动现金流出小计	36	589 150.00
投资活动产生的现金流量净额	37	−471 940.00
三、筹资活动产生的现金流量：		
吸收投资收到的现金	38	78 000.00
取得借款收到的现金	40	132 000.00
收到其他与筹资活动有关的现金	43	
筹资活动现金流入小计	44	210 000.00
偿还债务支付的现金	45	155 000.00
分配股利、利润或偿付利息支付的现金	46	312 060.00

（续表）

项　　　目	行次	本年金额
支付其他与筹资活动有关的现金	52	120.00
筹资活动现金流出小计	53	467 180.00
筹资活动产生的现金流量净额	54	－257 180.00
四、汇率变动对现金及现金等价物的影响	55	－1 600.00
五、现金及现金等价物净增加额	56	23 000.00
加：期初现金及现金等价物余额	57	230 000.00
六、期末现金及现金等价物余额	58	253 000.00
补　充　资　料	行次	本年金额
1. 将净利润调节为经营活动现金流量：		
净利润	59	395 800.00
加：资产减值准备	60	13 450.00
固定资产折旧	61	324 800.00
无形资产摊销	62	9 000.00
长期待摊费用摊销	63	8 000.00
处置固定资产、无形资产和其他长期资产的损失（收益以"－"号填列）	64	1 710.00
固定资产报废损失	65	
公允价值变动损失（收益以"－"号填列）	66	－1 800.00
财务费用	67	31 780.00
投资损失（收益以"－"号填列）	68	－13 700.00
递延所得税资产减少（增加以"－"号填列）	69	2 800.00
递延所得税负债增加（减少以"－"号填列）	70	－3 750.00
存货的减少（增加以"－"号填列）	71	－15 000.00
经营性应收项目的减少（增加以"－"号填列）	72	－21 100.00
经营性应付项目的增加（减少以"－"号填列）	73	27 550.00
其他	74	－2 400.00
经营活动产生的现金流量净额	75	753 720.00
2. 不涉及现金收支的投资和筹资活动：		
债务转为资本	76	
一年内到期的可转换公司债券	77	
融资租入固定资产	78	

补 充 资 料	行次	本年金额
3. 现金及现金等价物净增加情况:		
现金的期末余额	79	195 000.00
减：现金的期初余额	80	180 000.00
加：现金等价物的期末余额	81	58 000.00
减：现金等价物的期初余额	82	50 000.00
现金及现金等价物净增加额	83	23 000.00

编制现金流量表有关行次数据具体计算如下：

行次 1＝3 150 000＋10 370＋18 000＋246 800＋9 000－19 000－258 000－8 000－6 000
　　＝3 143 170(元)

行次 8＝4 290＋7 780－7 200＝4 870(元)

行次 10＝719 500＋8 415＋9 800＋12 300＋3 800＋3 410＋398 000－383 000＋18 600＋
　　72 330＋30 800－19 100－99 360－28 600＋3 100－12 000＝737 995(元)

行次 13＝173 250＋6 120＋19 820＋255＋4 780－20 840－340－3 950＋2 040＋130 320
　　＝311 455(元)

行次 18＝965 200＋732 900＋34 500＋10 500－294 000－23 040－275 000－8 000－9 800－
　　12 300－75 600－5 760－49 800－9 000－6 120－3 800－3 410－30 060－120－
　　1 600－3 800＋31 200＋15 000－14 300＝963 790(元)

行次 22＝92 000－57 000＋48 000－3 000＝80 000(元)

行次 23＝1 800＋13 700＋3 600＋3 000－5 000－5 000＝12 100(元)

行次 25＝26 830－1 720＝25 110(元)

行次 30＝492 700＋97 100＋4 350－87 000－11 000＝496 150(元)

行次 31＝100 000－65 000＋63 000－5 000＝93 000(元)

行次 45＝122 000＋42 000－9 000＝155 000(元)

行次 46＝273 000＋30 060＋11 000＋9 000－11 000＝312 060(元)

行次 72＝18 000＋246 800＋28 600＋11 800－19 000－258 000－30 800－12 500－6 000
　　＝－21 100(元)

行次 73＝19 100＋99 360＋9 000＋21 500＋20 840＋7 560－18 600－72 330－8 000－20 980
　　－19 820－6 980－3 100＝27 550(元)

5. 编制所有者权益变动表如图表题解 14-5 所示。

图表题解 14-5

所有者权

编制单位：长春宾馆

项 目	行次	本 年		
		实收资本（或股本）	资本公积	库存股（减项）
一、上年年末余额		2 300 000.00	235 670.00	
加：会计政策变更				
前期差错更正				
二、本年年初余额		2 300 000.00	235 670.00	
三、本年增减变动金额（减少以"－"号填列）				
（一）净利润				
（二）直接计入所有者权益的利得和损失				
1. 可供出售金融资产公允价值变动净额				
2. 权益法下被投资单位其他所有者权益变动的影响				
3. 与计入所有者权益项目相关的所得税影响				
4. 其他				
上述（一）和（二）小计				
（三）所有者投入和减少资本				
1. 所有者投入资本				
2. 股份支付计入所有者权益的金额				
3. 其他				
（四）利润分配				
1. 提取盈余公积				
2. 对所有者（或股东）的分配				
3. 其他				
（五）所有者权益内部结转				
1. 资本公积转增资本（或股本）		220 000.00	220 000.00	
2. 盈余公积转增资本（或股本）				
3. 盈余公积弥补亏损				
4. 其他				
四、本年年末余额		2 520 000.00	15 670.00	

益变动表

会企：04 表
单位：元

年度

金额			上　年　金　额					
盈余公积	未分配利润	所有者权益合计	实收资本(或股本)	资本公积	库存股(减项)	盈余公积	未分配利润	所有者权益合计
94 820.00	65 940.00	2 696 430.00	2 050 000.00	235 670.00		36 580.00	33 180.00	2 355 430.00
94 820.00	65 940.00	2 696 430.00	2 050 000.00	235 670.00		36 580.00	33 180.00	2 355 430.00
		395 800.00						364 000.00
		395 800.00						364 000.00
			250 000.00					250 000.00
63 328.00						58 240.00		
		296 850.00						273 000.00
	35 622.00						32 760.00	
158 148.00	101 562.00	2 795 380.00	2 300 000.00	235 670.00		94 820.00	65 940.00	2 696 430.00

第十五章 债务重组

判 断 题

一、是非题

1. 对　2. 错　3. 错　4. 对　5. 错　6. 错　7. 对　8. 对　9. 对　10. 错　11. 错

二、单项选择题

1. A　2. B　3. A　4. D

三、多项选择题

1. BC　2. ABCD　3. ABC　4. BCD

练 习 题

练习题一　练习债务人债务重组的核算

1. 城西酒店编制会计分录如图表题解 15-1 所示。

图表题解 15-1

会 计 分 录

2008年 月	日	凭证号数	摘　要	科 目 及 子 细 目	借方金额	贷方金额
1	15	(1)	荣欣公司减免本公司部分债务后付清债务	应付票据 　银行存款 　营业外收入——债务重组利得	100 000.00	90 000.00 10 000.00
2	10	(2-1)	将清偿债务的大客车转账	固定资产清理 累计折旧 固定资产减值准备 　固定资产	88 000.00 30 000.00 2 000.00	120 000.00
2	10	(2-2)	将大客车抵偿债务	应付账款 营业外支出——非流动资产处置损失 　（87 000－88 000） 　固定资产清理 　营业外收入——债务重组利得（93 600 　　－87 000）	93 600.00 1 000.00	88 000.00 6 600.00

(续表)

2008年		凭证号数	摘　要	科目及子细目	借方金额	贷方金额
月	日					
3	30	(3-1)	将商品一批抵偿债务	应付票据	75 000.00	
				主营业务收入		60 000.00
				应交税费——应交增值税——销项税额		10 200.00
				营业外收入——债务重组利得		4 800.00
		(3-2)	结转商品销售成本	主营业务成本	54 000.00	
				库存商品		54 000.00
4	18	(4)	将债务转为资本	应付账款	600 000.00	
				实收资本		540 000.00
				资本公积——资本溢价		35 000.00
				营业外收入——债务重组利得		25 000.00
4	30	(5)	因无力支付本息而进行债务重组	长期借款——本金	300 000.00	
				长期借款——利息	64 800.00	
				长期借款——债务重组		330 400.00
				预计负债		6 720.00
				营业外收入——债务重组利得		27 680.00
2009年		(6)	按协议支付一年期利息	长期借款——债务重组	16 800.00	
4	30			银行存款		16 800.00
2010年		(7)	按协议支付一年期利息	长期借款——债务重组	16 800.00	
				预计负债	3 360.00	
4	30			银行存款		20 160.00
2011年		(8)	到期还本付息	长期借款——债务重组	296 800.00	
				预计负债	3 360.00	
4	30			银行存款		300 160.00

其中,第5笔业务的数据来源:

长期借款的账面价值	364 800.00
其中:面值	300 000.00
应计利息(300 000×7.2%×3)	64 800.00
减:重组后债务的入账价值	330 400.00
其中:面值	280 000.00
应计利息(280 000×6%×3)	50 400.00
减:或有应付金额[280 000×(7.2%－6%)×2]	6 720.00
差额	27 680.00

2. 飞达宾馆编制会计分录如图表题解 15-2 所示。

图表题解 15-2

2011年		凭证号数	摘　要	科 目 及 子 细 目	借方金额	贷方金额
月	日					
3	29	(1-1)	转销的大客车账面价值	固定资产清理	90 000.00	
				累计折旧	25 000.00	
				固定资产减值准备	5 000.00	
				固定资产		120 000.00
3	29	(1-2)	将大客车债权抵偿债务	应付账款	200 000.00	
				营业外支出——非流动资产处置损失	2 000.00	
				固定资产清理		90 000.00
				实收资本		96 000.00
				资本公积——资本溢价		9 000.00
				营业外收入——债务重组利得		7 000.00
5	30	(2-1)	转销偿债房屋账面价值	固定资产清理	82 000.00	
				累计折旧	64 000.00	
				固定资产减值准备	4 000.00	
				固定资产		150 000.00
		(2-2)	分别以房屋、库存商品抵偿债务	应付票据	160 000.00	
				固定资产清理		82 000.00
				主营业务收入		50 000.00
				应交税费——应交增值税——销项税额		8 500.00
				应付账款——债务重组		15 000.00
				营业外收入——非流动资产处置利得		3 000.00
				营业外收入——债务重组利得		1 500.00
		(2-3)	结转商品销售成本	主营业务成本	45 000.00	
				库存商品		45 000.00

练习题二　练习债权人债务重组的核算

1. 丽都酒店编制会计分录如图表题解 15-3 所示。

图表题解 15-3

2009年 月	2009年 日	凭证号数	摘　要	科　目　及　子　细　目	借方金额	贷方金额
1	17	(1)	减免东湖工厂部分债务后，收到其清偿债务款	银行存款 坏账准备 营业外支出——债务重组损失 　应收账款——债务重组	85 000.00 1 050.00 18 950.00	105 000.00
2	6	(2-1)	接受华欣公司商品抵债	库存商品 应交税费——应交增值税——进项税额 坏账准备——应收账款 营业外支出——债务重组损失 　应收账款——债务重组	80 000.00 13 600.00 1 000.00 5 400.00	100 000.00
3	15	(3)	接受九华公司以东亚公司12 000股股票抵偿债务，并支付交易费用	坏账准备 投资收益 交易性金融资产 营业外支出——债务重组损失 　应收账款 　银行存款	1 100.00 576.00 96 000.00 12 900.00	110 000.00 576.00
4	20	(4)	端安公司以房屋抵偿债务	固定资产 坏账准备——应收账款 营业外支出——债务重组损失 　应收账款	110 000.00 1 250.00 1 250.00	112 500.00
	20	(5)	川沙公司以其公司的20 000股普通股抵债	坏账准备 可供出售金额资产 营业外支出——债务重组损失 　应收账款 　银行存款	1 280.00 124 744.00 2 720.00	128 000.00 744.00
4	30	(6)	长阳工厂无力偿付到期债券本息，进行债务重组	持有至到期投资——债务重组 持有至到期投资减值准备 营业外支出——债务重组损失 　持有至到期投资——本金 　持有至到期投资——利息	201 600.00 4 500.00 12 780.00	180 000.00 38 880.00
2011年 4	2011年 30	(7)	长阳工厂第二年有盈利，偿付本息	银行存款 　持有至到期投资——债务重组 　营业外收入——债务重组利得[180 000 　　×(7.2%－6%)×2]	205 920.00	201 600.00 4 320.00
4	30	(8)	长阳工厂第二年仍无盈利、偿还本息	银行存款 　持有至到期投资——债务重组	201 600.00	201 600.00

其中,第 6 笔业务的数据来源:

长阳公司债券的账面价值(单位:元)	214 380.00
其中:面值	180 000.00
应计利息(180 000×7.2‰×3)	38 880.00
减:持有至到期投资减值准备	4 500.00
减:重组后债权的账面价值	201 600.00
其中:面值	180 000.00
应计利息(180 000×6‰×2)	21 600.00
差额	12 780.00

2. 泰兴公司编制会计分录如图表题解 15-4 所示。

图表题解 15-4

2011年 月	日	凭证号数	摘要	科目及子细目	借方金额	贷方金额
3	1	(1)	宏昌公司以现金及该公司15 000股普通股偿债	银行存款	50 000.00	
				交易性金融资产	99 000.00	
				投资收益	594.00	
				坏账准备	1 600.00	
				营业外支出——债务重组损失	9 400.00	
				应收账款		160 000.00
				银行存款		594.00
4	30	(2)	华昌公司以现金、库存商品、股权等偿债	坏账准备——应收账款	1 800.00	
				银行存款	18 000.00	
				库存商品	40 000.00	
				应交税费——应交增值税——进项税额	6 800.00	
				长期股权投资	93 000.00	
				应收账款——债务重组	20 000.00	
				营业外支出——债务重组损失	400.00	
				应收账款		180 000.00

第十六章 会计调整

判断题

一、是非题

1. 对 2. 错 3. 错 4. 对 5. 错 6. 对 7. 错 8. 错 9. 错
10. 错 11. 对 12. 错

二、单项选择题

1. B 2. A 3. C

三、多项选择题

1. ACD 2. ABD 3. ABC 4. BCD 5. AD 6. BC

练 习 题

练习题一 练习会计政策变更的处理方法

1. 计算自行开发的无形资产入账后的累积影响数如图表题解 16-1 所示。

图表题解 16-1

自行开发的形资产入账后的累积影响数计算表　　　　单位:元

时　期	直接计入当期损益额	摊销计入当期损益额	利润总额差异	所得税影响金额	净利润差异
2005 年年末	160 000	10 000	150 000	37 500	112 500
2006 年年末	0	20 000	−20 000	−5 000	−15 000
合　计	160 000	30 000	130 000	32 500	97 500

2. 编制相关项目的调整分录。

对 2005 年有关事项的调整分录如下所列。

(1) 调整会计政策变更累积影响数:

借:无形资产	160 000.00
贷:累计摊销	10 000.00
贷:利润分配——未分配利润	112 500.00
贷:递延所得税负债	37 500.00

（2）调整利润分配：

借：利润分配——未分配利润   16 875.00
 贷：盈余公积——法定盈余公积   11 250.00
 贷：盈余公积——任意盈余公积   5 625.00

对 2006 年有关事项的调整分录如下所列。

（1）调整会计政策变更累积影响数：

借：利润分配——未分配利润   15 000.00
借：递延所得税负债   5 000.00
 贷：累计摊销   20 000.00

（2）调整利润分配：

借：盈余公积——法定盈余公积   1 500.00
借：盈余公积——任意盈余公积   750.00
 贷：利润分配——未分配利润   2 250.00

3. 财务报表相关项目金额的调整如下所述。

（1）资产负债表相关项目金额的调整：调增"无形资产"项目年初余额 130 000 元（160 000－30 000），调增"递延所得税负债"项目年初余额 32 500 元，调增"盈余公积"项目年初余额 14 625 元，调整"未分配利润"项目年初余额 82 875 元。

（2）利润表相关项目金额的调整：调增"管理费用"项目上年金额 20 000 元；分别调减"营业利润"项目和"利润总额"项目上年金额 20 000 元，分别调减"所得税费用"项目和"净利润"项目上年金额 5 000 元和 15 000 元。

（3）所有者权益变动表相关项目金额的调整：分别调增"会计政策变更"项目中"盈余公积"栏和"未分配利润"栏上年金额 16 875 元和 95 625 元，以及"所有者权益合计"栏上年金额 112 500 元；分别调减"会计政策变更"项目中"盈余公积"栏和"未分配利润"栏本年金额 2 250 元和 12 750 元，以及"所有者权益合计"栏本年金额 15 000 元。

练习题二　练习会计估计变更的处理方法

$$变更后专利权摊销年限后的年摊销额 = \frac{180\,000 - 18\,000}{9 - 1} = 20\,250（元）$$

练习题三　练习前期差错的更正

1. 根据"资料 1"编制更正分录。

借：管理费用   1 250.00
 贷：累计折旧   1 250.00

2. 根据"资料 2"分析前期差错的影响数,编制相关项目的调整分录,并对财务报表进行调整和重述。

先分析前期差错的影响数。该旅行社多计营业部门固定资产折旧费,将会少计利润总额,从而造成少计提应交所得税额和少计净利润,并造成少计提盈余公积。

再编制相关项目的调整分录。

(1) 转回多计固定资产折旧费:

借: 累计折旧   120 000.00
  贷: 以前年度损益调整   120 000.00

(2) 补计提应交所得税额:

借: 以前年度损益调整   30 000.00
  贷: 应交税费——应交所得税   30 000.00

(3) 结转"以前年度损益调整"账户:

借: 以前年度损益调整   90 000.00
  贷: 利润分配——未分配利润   90 000.00

(4) 补提法定盈余公积和任意盈余公积:

借: 利润分配——未分配利润   14 400.00
  贷: 盈余公积——法定盈余公积   9 000.00
  盈余公积——任意盈余公积   5 400.00

最后,对财务报表进行调整和重述。

(1) 资产负债表相关项目金额的调整:调增"固定资产"项目年初余额 120 000 元,调增"应交税费"项目年初余额 30 000 元;分别调增"盈余公积"项目年初余额和"未分配利润"项目年初余额 14 400 元和 75 600 元。

(2) 利润表项目金额的调整:调减"销售费用"项目上年金额 120 000 元;分别调增"营业利润"和"利润总额"项目上年金额各 120 000 元,分别调增"所得税费用"项目和"净利润"项目上年金额 30 000 元和 90 000 元。

(3) 所有者权益变动表项目金额的调整:分别调增"前期差错更正"项目中"盈余公积"栏和"未分配利润"栏上年金额 14 400 元和 75 600 元,以及"所有者权益合计"栏上年金额 90 000 元。

练习题四　练习资产负债表日后调整事项的会计处理

1. 根据"资料 1",编制相关公司的会计分录,并调整年度财务报表的相应数据。

康达国际旅行社：

（1）编制会计分录：

3月10日，将应付法院的诉讼费入账。

借：以前年度损益调整　　　　　　　　　　　　　　　　　　　10 800.00
　　贷：其他应付款　　　　　　　　　　　　　　　　　　　　　　10 800.00

3月10日，将应付中洲宾馆的赔偿款入账。

借：预计负债　　　　　　　　　　　　　　　　　　　　　　　100 000.00
借：以前年度损益调整　　　　　　　　　　　　　　　　　　　　8 000.00
　　贷：其他应付款　　　　　　　　　　　　　　　　　　　　　108 000.00

3月10日，将应退所得税额入账。

借：应交税费——应交所得税　　　　　　　　　　　　　　　　　4 700.00
　　贷：以前年度损益调整[（10 800＋8 000）×25％]　　　　　　　4 700.00

3月10日，转销递延所得税资产。

借：以前年度损益调整　　　　　　　　　　　　　　　　　　　25 000.00
　　贷：递延所得税资产　　　　　　　　　　　　　　　　　　　25 000.00

3月20日，签发转账支票分别支付法院的诉讼费和中洲宾馆的赔偿款。

借：其他应付款　　　　　　　　　　　　　　　　　　　　　　118 800.00
　　贷：银行存款　　　　　　　　　　　　　　　　　　　　　　118 800.00

3月31日，结转以前年度损益调整。

借：利润分配——未分配利润　　　　　　　　　　　　　　　　39 100.00
　　贷：以前年度损益调整　　　　　　　　　　　　　　　　　　39 100.00

3月31日，按净利润变动额调整盈余公积。

借：盈余公积——法定盈余公积　　　　　　　　　　　　　　　　3 910.00
借：盈余公积——任意盈余公积　　　　　　　　　　　　　　　　2 346.00
　　贷：利润分配——未分配利润　　　　　　　　　　　　　　　　6 256.00

（2）调整年度财务报表的相应数据分析如下：

对资产负债表相关项目年末余额的调整：调减"递延所得税资产"项目25 000元，调增"其他应付款"项目118 800元，调减"应交税费"项目4 700元，调减"预计负债"项目100 000元，调减"盈余公积"项目6 256元，调减"未分配利润"项目32 844元。

对利润表相关项目本年金额的调整:调增"营业外支出"项目 18 800 元,调减"利润总额"项目 18 800 元,调增"所得税费用"项目 20 300 元(25 000－4 700),调减"净利润"项目 39 100 元。

对所有者权益变动表相关项目本年金额的调整:调减"净利润"项目中"所有者权益合计"栏 39 100 元,调减"利润分配"项目下的"提取盈余公积"项目中的"盈余公积"栏 6 256 元,调减"利润分配"项目下的"其他"项目中"未分配利润"栏 32 844 元;并相应调整各栏的本年年末余额。

中洲宾馆:

(1)编制会计分录:

3 月 10 日,根据法院的判决,将应收赔偿款入账。

借:其他应收款　　　　　　　　　　　　　　　　　108 000.00
　　贷:以前年度损益调整　　　　　　　　　　　　　　　108 000.00

3 月 10 日,计提赔偿款收益应交所得税额。

借:以前年度损益调整　　　　　　　　　　　　　　　27 000.00
　　贷:应交税费——应交所得税　　　　　　　　　　　　27 000.00

3 月 31 日,将以前年度损益调整"账户余额结转""利润分配"账户。

借:以前年度损益调整　　　　　　　　　　　　　　　81 000.00
　　贷:利润分配——未分配利润　　　　　　　　　　　　81 000.00

3 月 31 日,按所获赔偿净收益补提盈余公积。

借:利润分配——未分配利润　　　　　　　　　　　　12 960.00
　　贷:盈余公积——法定盈余公积　　　　　　　　　　　8 100.00
　　贷:盈余公积——任意盈余公积　　　　　　　　　　　4 860.00

(2)调整年度财务报表的相应数据:

对资产负债表相关项目年末余额的调整:调增"其他应收款"项目 108 000 元,调增"应交税费"项目 27 000 元,调增"盈余公积"项目 12 960 元,调增"未分配利润"项目 68 040 元。

对利润表相关项目本年金额的调整:调增"营业外收入"项目 108 000 元,调整"利润总额"项目 108 000 元,调增"所得税费用"项目 27 000 元,调增"净利润"项目 81 000 元。

对所有者权益变动表相关项目本年金额的调整:调增"净利润"项目中"所有者权益合计"栏 81 000 元,调增"利润分配"项目下"提取盈余公积"项目中"盈余公积"栏 12 960 元,调增"利润分配"项目下"其他"项目中"未分配利润"栏 680 40 元,并相应调整各栏的本年年末余额。

2. 根据"资料2",编制康达国际旅行社相关事项的会计分录,并调整年度财务报表的相应数据。

(1) 编制会计分录:

3月20日,根据法院通知,补提应收美国摩尔旅行社团费的坏账准备。

借:以前年度损益调整 53 878.00
　贷:坏账准备(195 920×28%－979.60) 53 878.00

3月20日,根据补提的坏账准备额,按25%所得税税率调整递延所得税资产。

借:递延所得税资产(53 878×25%) 13 469.50
　贷:以前年度损益调整 13 469.50

3月31日,将"以前年度损益调整"账户余额结转"利润分配"账户。

借:利润分配——未分配利润 40 408.50
　贷:以前年度损益调整 40 408.50

3月31日,按净利润变动额调整盈余公积。

借:盈余公积——法定盈余公积 4 040.85
借:盈余公积——任意盈余公积 2 424.51
　贷:利润分配——未分配利润 6 465.36

(2) 调整年度财务报表相关项目数据。分析如下:

对资产负债表相关项目年末余额的调整:调减"应收账款"项目53 878元,调增"递延所得税资产"项目13 469.50元;分别调减"盈余公积"项目和"未分配利润"项目6 465.36元和33 943.14元。

对利润表相关项目本年金额的调整:调增"资产减值损失"项目53 878元;分别调减"营业利润"项目和"利润总额"项目53 878元,调减"所得税费用"项目13 469.50元,调减"净利润"项目40 408.50元。

对所有者权益变动表相关项目本年金额的调整:调减"净利润"项目中"所有者权益合计"栏40 408.50元,调减"利润分配"项目下"提取盈余公积"项目中"盈余公积"栏6 465.36元,调减"利润分配"项目下"其他"项目中"未分配利润"栏33 943.14元;并相应调整各栏的本年年末余额。

测 试 题 一

题号	一	二	三	四	五	总分
得分						

一、是非题

1. 对　2. 错　3. 对　4. 错　5. 错　6. 对　7. 错　8. 对　9. 错　10. 错

二、单项选择题

1. B　2. C　3. C　4. D　5. B　6. A　7. D　8. C

三、多项选择题

1. BCD　2. ABC　3. ACD　4. ABCE　5. BCD　6. ACD　7. AC　8. ACD

四、分录题

1. 华声宾馆的会计分录。

（1）借：银行存款——美元户（10 080×6.35）　　　　　　　　　64 008.00
　　　贷：预收账款——纽约旅行社　　　　　　　　　　　　　　64 008.00

（2）借：预收账款——纽约旅行社　　　　　　　　　　　　　　64 008.00
　　　借：应收账款——纽约旅行社（18 720×6.35）　　　　　　118 872.00
　　　　贷：主营业务收入——组团外联收入　　　　　　　　　182 880.00

（3）借：银行存款——美元户（18 720×6.34）　　　　　　　118 684.80
　　　借：财务费用——汇兑损失　　　　　　　　　　　　　　　187.20
　　　　贷：应收账款——纽约旅行社　　　　　　　　　　　　118 872.00

（4）借：银行存款　　　　　　　　　　　　　　　　　　　　1 500.00
　　　　贷：预收账款——酒席定金　　　　　　　　　　　　　1 500.00

（5）借：银行存款　　　　　　　　　　　　　　　　　　　16 000.00
　　　借：预收账款——酒席定金　　　　　　　　　　　　　　1 500.00
　　　　贷：主营业务收入——餐饮业务——酒席收入　　　　15 000.00
　　　　贷：主营业务收入——餐饮业务——小卖部收入　　　　2 500.00

（6-1）借：应收账款——房金　　　　　　　　　　　　　　12 500.00
　　　　贷：主营业务收入——客房业务　　　　　　　　　　12 500.00

（6-2）借：银行存款 12 270.00
　　　　贷：应收账款——房金 12 270.00

（7）借：资产减值损失——坏账损失 1 450.00
　　　贷：坏账准备 1 450.00

（8）借：固定资产 150 000.00
　　　贷：实收资本 150 000.00

（9）借：销售费用——折旧费 1 500.00
　　　贷：累计折旧 1 500.00

（10-1）借：低值易耗品——在用低值易耗品 4 000.00
　　　　　贷：其他货币资金——银行本票 4 000.00

（10-2）借：销售费用——低值易耗品摊销 2 000.00
　　　　　贷：低值易耗品——低值易耗品摊销 2 000.00

（11）借：在途物资 20 000.00
　　　借：应交税费——应交增值税——进项税额 3 400.00
　　　贷：应付票据 23 400.00

（12）借：库存商品 20 000.00
　　　贷：在途物资 20 000.00

（13）借：银行存款 15 955.00
　　　借：财务费用——手续费 45.00
　　　贷：主营业务收入——商品销售业务 16 000.00

（14）借：交易性金融资产 80 000.00
　　　借：投资收益 320.00
　　　贷：银行存款 80 320.00

（15）借：银行存款 89 640.00
　　　贷：交易性金融资产 80 000.00
　　　贷：投资收益 9 640.00

（16）借：银行存款 738 532.08
　　　贷：应付债券——面值 720 000.00
　　　贷：应付债券——利息调整 18 532.08

（17）借：应付职工薪酬——工资 120 000.00
　　　贷：其他应付款——住房公积金 8 400.00
　　　贷：其他应付款——养老保险费 9 600.00
　　　贷：其他应付款——医疗保险费 2 400.00
　　　贷：其他应付款——失业保险费 1 200.00
　　　贷：应交税费——应交个人所得税 150.00
　　　贷：库存现金 98 250.00

（18）借：应付利息　　　　　　　　　　　　　　　　　5 720.00
　　　借：财务费用——利息支出　　　　　　　　　　　3 040.00
　　　　贷：银行存款　　　　　　　　　　　　　　　　8 760.00

（19）本年所得税额＝[500 000＋16 000×40％＋11 000－6 000＋8 750＋9 650－
　　　　　　　　　　（100 000－40 000）]×25％＝114 700（元）

　　　本月所得税额＝114 700－107 500＝7 200（元）

　　　递延所得税负债＝（100 000－40 000）×25％＝15 000（元）

　　　递延所得税资产＝（8 750＋9 650）×25％＝4 600（元）

　　　借：所得税费用(7 200＋4 500－2 200)　　　　　　9 500.00
　　　借：递延所得税负债(15 000－17 200)　　　　　　2 200.00
　　　　贷：递延所得税资产(4 600－9 100)　　　　　　4 500.00
　　　　贷：应交税费——应交所得税　　　　　　　　　7 200.00

2. 申江广告公司的会计分录。

（1）借：主营业务成本——广告制作成本　　　　　　　22 400.00
　　　贷：原材料　　　　　　　　　　　　　　　　　　11 500.00
　　　贷：应付职工薪酬　　　　　　　　　　　　　　　7 770.00
　　　贷：银行存款　　　　　　　　　　　　　　　　　3 130.00

（2）借：预收账款——天原电器公司　　　　　　　　　13 500.00
　　　借：应收账款——天原电器公司　　　　　　　　　16 500.00
　　　　贷：主营业务收入——广告制作收入　　　　　　30 000.00

（3）借：银行存款　　　　　　　　　　　　　　　　　34 500.00
　　　　贷：应收账款——天原电器公司　　　　　　　　16 500.00
　　　　贷：主营业务收入——广告发布收入　　　　　　18 000.00

五、计算题

1. 加权平均单价＝$\frac{1\,672+2\,954+2\,140-83.60}{400+700+500-20}$＝4.229 4（元）

　　期末结存＝280×4.229 4＝1 184.23（元）

　　本期发出原材料成本＝1 672＋2 954＋2 140－83.60－1 184.23＝5 498.17（元）

2. “腰果炒虾仁”售价＝60×（1＋45％）＝87（元）

3. 营业利润＝280 000＋12 000－45 000－7 600－15 400－107 500－34 950－
　　　　　　3 600－1 150＋2 000＋9 000＝87 800（元）

　　利润总额＝87 800＋2 100－1 800＝88 100（元）

4. 销售商品、提供劳务收到的现金＝300 000＋14 960＋8 000＋105 000－8 600－108 000＋2 850＝
　　　　　　　314 210（元）

测 试 题 二

题号	一	二	三	四	五	六	总分
得分							

一、是非题

1. 错 2. 对 3. 对 4. 错 5. 对 6. 错 7. 错 8. 对 9. 错 10. 错

二、单项选择题

1. C 2. D 3. B 4. D 5. A 6. B 7. A 8. D

三、多项选择题

1. ACD 2. BD 3. ABC 4. BCD 5. AB 6. AD 7. ABD 8. ACD

四、分录题

（1）借：原材料——原料及主要材料——粮食类   2 620.00

   借：主营业务成本——餐饮业务   4 000.00

    贷：银行存款   6 620.00

（2）借：银行存款   15 701.00

   借：财务费用   54.00

   借：待处理财产损溢——待处理流动资产损溢   10.00

    贷：主营业务收入——餐饮业务   15 765.00

（3-1）借：预收账款   12 860.00

    贷：主营业务收入——房金   12 400.00

    贷：主营业务收入——饮料   460.00

（3-2）借：银行存款   12 900.00

    贷：预收账款   12 900.00

（4）借：库存现金   30.00

   借：管理费用——低值易耗品摊销   170.00

   借：低值易耗品——低值易耗品摊销   200.00

    贷：低值易耗品——在用低值易耗品   400.00

（5）借：在建工程——安装锅炉   30 500.00

    贷：银行存款   30 500.00

    (6-1)借：在建工程——安装锅炉   1 000.00

         贷：银行存款   1 000.00

    (6-2)借：固定资产   31 500.00

         贷：在建工程——安装锅炉   31 500.00

    (7)借：库存商品——食品柜   40 000.00

      借：应交税费——应交增值税——进项税额   5 100.00

         贷：银行存款   35 100.00

         贷：商品进销差价——食品柜   10 000.00

    (8-1)借：商品进销差价——食品柜   1 290.00

         贷：库存商品——食品柜[(48−35.10)×100] 1 290.00

    (8-2)借：资产减值损失——存货跌价损失   1 860.00

         贷：存货跌价准备   1 860.00

    (9)借：长期股权投资——成本   3 348 000.00

      借：累计折旧   150 000.00

      借：营业外支出——非流动资产处置损失 2 000.00

         贷：固定资产   1 000 000.00

         贷：银行存款   2 500 000.00

    (10)借：长期股权投资——成本   12 000.00

         贷：营业外收入   12 000.00

    (11)借：销售费用——职工薪酬   98 000.00

      借：管理费用——职工薪酬   27 000.00

         贷：应付职工薪酬——工资   125 000.00

    (12)借：销售费用——职工薪酬   28 910.00

      借：管理费用——职工薪酬   7 965.00

         贷：应付职工薪酬——职工福利   17 500.00

         贷：应付职工薪酬——工会经费   2 500.00

         贷：应付职工薪酬——职工教育经费 1 875.00

         贷：应付职工薪酬——社会保险费   6 250.00

         贷：应付职工薪酬——住房公积金   8 750.00

    (13)借：应收账款——各组团社   294 800.00

         贷：主营业务收入——综合服务收入 262 000.00

         贷：主营业务收入——地游及加项收入 23 800.00

         贷：主营业务收入——劳务收入   9 000.00

    (14)借：主营业务成本——哈尔滨旅行社——综合服务成本 88 020.00

      借：主营业务成本——哈尔滨旅行社——地游及加项成本 9 000.00

      借：主营业务成本——哈尔滨旅行社——劳务成本 1 080.00

         贷：银行存款   98 100.00

（15-1）借：待摊费用　　　　　　　　　　　　　　　　　48 000.00

　　　　　贷：银行存款　　　　　　　　　　　　　　　　　48 000.00

（15-2）借：销售费用——保险费　　　　　　　　　　　　　3 000.00

　　　　借：管理费用——保险费　　　　　　　　　　　　　1 000.00

　　　　　贷：待摊费用　　　　　　　　　　　　　　　　　4 000.00

（16）借：商品进销差价——食品柜　　　　　　　　　　　　49 784.00

　　　　　贷：主营业务成本——商品销售业务——食品柜　　49 784.00

（17）借：应交税费——应交所得税　　　　　　　　　　　　11 250.00

　　　　　贷：银行存款　　　　　　　　　　　　　　　　　11 250.00

（18）本年所得税额＝［540 000＋20 000×40％＋12 000－5 000＋4 600＋10 800－

　　　　　　　　　　（120 000－72 000）］×25％＝130 600（元）

　　　　本月所得税额＝130 600－120 500＝10 100（元）

　　　　递延所得税负债＝（120 000－72 000）×25％＝12 000（元）

　　　　递延所得税资产＝（4 600＋10 800）×25％＝3 850（元）

　　　　借：所得税费用（10 100＋2 830－3 000）　　　　　9 930.00

　　　　借：递延所得税负债（12 000－15 000）　　　　　　3 000.00

　　　　　贷：递延所得税资产（3 850－6 680）　　　　　　2 830.00

　　　　　贷：应交税费——应交所得税　　　　　　　　　　10 100.00

（19）借：利润分配——应付现金股利或利润　　　　　　　　244 140.00

　　　　　贷：应付股利——国家　　　　　　　　　　　　　183 105.00

　　　　　贷：应付股利——华南公司　　　　　　　　　　　61 035.00

（20）借：资本公积　　　　　　　　　　　　　　　　　　　40 000.00

　　　　借：盈余公积　　　　　　　　　　　　　　　　　　120 000.00

　　　　　贷：实收资本　　　　　　　　　　　　　　　　　160 000.00

五、计算题

1. 计提面包车折旧。

（1）用双倍余额递减法计提面包车折旧。

　　　折旧率＝$\frac{2}{4}$×100％＝50％

　　　第一年折旧额＝72 000×50％＝36 000（元）

　　　第二年折旧额＝（72 000－36 000）×50％＝36 000×50％＝18 000（元）

　　　第三、第四年折旧额＝（36 000－18 000－3 600）÷2＝7 200（元）

（2）用年数总和法计提面包车折旧。

　　　年数总和＝4＋3＋2＋1＝10

　　　第一年折旧额＝（72 000－3 600）×$\frac{4}{10}$＝27 360（元）

第二年折旧额＝$(72\,000-3\,600)\times\dfrac{3}{10}=20\,520$（元）

第三年折旧额＝$(72\,000-3\,600)\times\dfrac{2}{10}=13\,680$（元）

第四年折旧额＝$(72\,000-3\,600)\times\dfrac{1}{10}=6\,840$（元）

2. 确定菜肴的售价。

$$\text{“清炒鳝背”售价}=\frac{45}{1-40\%}=75\text{（元）}$$

3. 计算"购买商品、接受劳务支付的现金"项目的金额。

购买商品、接受
劳务支付的现金 ＝988 000＋10 370＋1 650＋1 720＋288 500－271 000＋9 000＋

90 000－10 500－100 000＋3 000＝1 010 740（元）

六、综合题(8 分)

1. 借：累计折旧　　　　　　　　　　　　　　　　　106 000.00

　　贷：以前年度损益调整　　　　　　　　　　　　　　　106 000.00

2. 借：以前年度损益调整　　　　　　　　　　　　　26 500.00

　　贷：应交税费——应交所得税　　　　　　　　　　　　26 500.00

3. 借：以前年度损益调整　　　　　　　　　　　　　79 500.00

　　贷：利润分配——未分配利润　　　　　　　　　　　　79 500.00

4. 借：利润分配——未分配利润　　　　　　　　　　12 720.00

　　贷：盈余公积——法定盈余公积　　　　　　　　　　　7 950.00

　　贷：盈余公积——任意盈余公积　　　　　　　　　　　4 770.00

资产负债表调增"固定资产"项目年初余额 106 000 元,调增"应交税费"项目年初余额 26 500 元;分别调增"盈余公积"项目年初余额和"未分配利润"项目年初余额 12 720 元和 66 780 元。

丁元霖最新财会系列丛书

商品流通企业会计	定价：37.00 元
商品流通企业会计习题与解答	定价：28.00 元
商品流通企业会计模拟实习	定价：32.00 元
商品流通企业会计模拟实习解答	定价：14.00 元
旅游饮食服务业会计	定价：33.00 元
旅游饮食服务业会计习题与解答	定价：24.00 元
银行会计	定价：34.00 元
银行会计习题与解答	定价：17.00 元
外贸会计	定价：37.00 元
外贸会计习题与解答	定价：24.00 元
物流企业会计	定价：25.00 元
物流企业习题与解答	定价：22.00 元

全国各地新华书店、经济书店均有销售

本社发行科可以办理邮购

电话：021－64411389、64411367　　　　传真：021－64411325

地址：上海市中山西路 2230 号　　　　　　邮编：200235

邮购汇款额＝书款＋邮资(书款总额 10％)＋邮挂费(3 元)

丁元霖最新财会系列教材

会计学基础	定价：27.00 元
会计学基础习题与解答	定价：26.00 元
财务会计	定价：39.00 元
财务会计习题与解答	定价：26.00 元
成本会计	定价：37.00 元
成本会计习题与解答	定价：21.00 元
财务管理	定价：33.00 元
财务管理习题与解答	定价：12.50 元
管理会计	定价：27.00 元
管理会计习题与解答	定价：13.50 元
税务会计	定价：25.00 元
税务会计习题与解答	定价：18.00 元

全国各地新华书店、经济书店均有销售

本社发行科可以办理邮购

电话：021 – 64411389、64411367   传真：021 – 64411325

地址：上海市中山西路 2230 号   邮编：200235

邮购汇款额＝书款十邮资(书款总额 10%)十邮挂费(3 元)